美丽的乡愁

南平乡村文化记忆

南平市文化和旅游局
南平市作家协会 编

图书在版编目（CIP）数据

美丽的乡愁：南平乡村文化记忆/南平市文化和旅游局，南平市作家协会编.—福州：海峡文艺出版社，2023.9

ISBN 978-7-5550-3285-4

Ⅰ.①美… Ⅱ.①南…②南… Ⅲ.①农村文化－文化史－南平 Ⅳ.①K295.73

中国国家版本馆 CIP 数据核字（2023）第 086236 号

美丽的乡愁——南平乡村文化记忆

南平市文化和旅游局　南平市作家协会　编

出 版 人　林　滨

责任编辑　余明建

出版发行　海峡文艺出版社

经　　销　福建新华发行（集团）有限责任公司

社　　址　福州市东水路 76 号 14 层

发 行 部　0591－87536797

印　　刷　福州报业鸿升印刷有限责任公司

厂　　址　福州市仓山区建新镇建新北路 151 号

开　　本　787 毫米×1092 毫米　1/16

字　　数　205 千字

印　　张　14

版　　次　2023 年 9 月第 1 版

印　　次　2023 年 9 月第 1 次印刷

书　　号　ISBN 978-7-5550-3285-4

定　　价　48.00 元

如发现印装质量问题，请寄承印厂调换

序

SEQUENCE

王松雄

乡村振兴，文化铸魂。

习近平总书记指出：“要推动乡村文化振兴，加强农村思想道德建设和公共文化建设，以社会主义核心价值观为引领，深入挖掘优秀传统农耕文化蕴含的思想观念、人文精神、道德规范，培育挖掘乡土文化人才，弘扬主旋律和社会正气，培育文明乡风、良好家风、淳朴民风，改善农民精神风貌，提高乡村社会文明程度，焕发乡村文明新气象。”

南平市地处福建省北部，闽江源头、武夷山脉北段东南侧，位于闽、浙、赣三省交界处，俗称“闽北”。总面积2.63万平方公里，是福建省面积最大的设区市，辖二区三市五县，142个乡镇（街道），1922个行政村（社区）。

南平历史悠久，是我国南方开发最早的地区之一，十个县（市、区）建县都在千年以上。东汉建安年间，福建最早设置的五县之中，南平据有其四，即：南平（今延平）、建安（今建瓯）、汉兴（今浦城）、建平（今建阳）。三国时期，在建瓯置建安郡，唐代更名建州，福建的“福”字来自福州，“建”字来自建州，就是现在南平的建瓯市。

南平文化积淀深厚，是闽越文化、朱子文化、武夷茶文化、建盏建本文化发源地。武夷山是世界自然和文化双遗产地，武夷岩茶制作技艺被联合国列入人类非遗项目，武夷山市城村闽越王城遗址，是全国保存最完整的汉代古城遗址之一，2022年12月入选国家考古遗址公园。

南宋理学家朱熹在武夷山"琴书五十载"，在建阳创建考亭书院，朱子理学不仅影响中国800年文化，还远播东南亚和欧美等国家。南平因此也被誉为"朱子故里、理学摇篮"，素有"闽邦邹鲁""道南理窟"之称。历史学家蔡尚思先生曾这样评价："东周出孔丘，南宋有朱熹；中国古文化，泰山与武夷。"

南平人杰地灵，人才辈出，历史上出过2000多位进士和19位宰相，还滋养出世界法医学鼻祖宋慈、婉约派词宗柳永、宋代抗金名相李纲和史学家袁枢、文学家严羽、西昆诗人杨亿等名人；江淹、辛弃疾、陆游、蔡襄、文天祥、海瑞、郑成功等名人都在南平留下历史足迹。江淹夜宿浦城"梦笔生花"及"江郎才尽"的故事广为流传，闽北先贤杨时、游酢"程门立雪"的典故脍炙人口。

乡村文化承载着乡村的历史记忆和文化积淀。乡村是中华民族优秀传统文化的重要承载地之一，有着丰富的历史文化资源和独特的地域文化特色。是乡村振兴战略中不可缺少的重要组成部分，也是实现全面建设社会主义现代化国家的重要保障。

没有乡村文化的传承与创新，乡村文化的振兴就无从谈起，乡村振兴也就失去了真正的灵魂。因此，实施乡村振兴必须抓住乡村文化这一灵魂根本。不仅要顺应新时代的要求，推进城乡文化融合，保护并传承好乡村文化，增加文化产品，促进文化供给，大力发展具有特色的乡村文化及其产业，还要打通农村文化服务的"最后一公里"，让社会主义核心价值观在乡村深深扎根，不断提高农村群众在文化成果上的获得感以及在精神文化生活上的幸福感。

南平市委、市政府深入贯彻落实习近平总书记关于乡村振兴的重要指示精神，按照"新农村建设要注意乡土味道，保留乡村风貌，留得住青山绿水，记得住乡愁"的指示和福建省乡村振兴工作要求，高度重视乡村文化的保护和传承，通过挖掘乡村文化内涵，让乡村成为传统文化的活化石，为乡村振兴注入新的时代活力。

南平市文旅局认真组织编写了《美丽的乡愁——南平乡村文化记忆》，力求多层次、多角度展现南平传统村落的风貌和传统文化的特性，以及南平在文化保护传承和乡村振兴中所做的努力。书中选取了南平各地最具代表性、最具地方特色的"乡村文化记忆"，分门别类，按照乡产乡技、乡建乡舍、乡情乡恋、乡训乡约、乡村振兴典型案例等五个主题，生动、鲜活、集中地展现了南平乡村的风貌与历史，描绘了一个丰富多彩、充满生机的乡村世界，让我们感受到乡村的美好与魅力，也为乡村振兴提供了宝贵的经验和启示。

"箫鼓追随春社近，衣冠简朴古风存"，古人笔下的乡村击鼓吹箫、把酒庆丰、民风淳朴。而今，南平的乡村，地丰水美，文化多彩，特点鲜明，令人向往。希望通过此书，激励更多人来保护传承乡村文化，留住乡村美丽乡愁，讲好南平故事，为谱写南平新时代乡村振兴新篇章作出应有贡献。是为序！

（作者为南平市文旅局副局长、文联副主席、作协主席）

目录

CONTENTS

058 第二部分 乡建乡舍

161 第四部分 乡训乡约

193 第五部分 乡村振兴典型案例

224 后记

第一部分
乡产乡技

独具特色棋子灯

　　延平区王台镇后洋源位于集镇北部，森林覆盖率69.9%，是省级森林村庄。气候类型为中亚热带海洋季风气候，平均海拔110米，境内以丘陵山地为主。村庄呈锅形，以黄、李两姓为大姓。根据《李氏族谱》记载，后洋源李氏乃南剑人李延平先生后裔，于明朝永乐年间到此开基，至今已六百余年。后洋源历史悠久，文化积淀深厚，传统文体活动非常活跃，尤其是"元宵棋子灯民俗文化节"影响面较广。

　　后洋源"棋子灯"，历史悠久，内容丰富，仪式完整，在农村正月节俗活动中表现得相当活跃。"棋子灯"始于明末清初，相传有位郑成功军中的李姓谋士归乡隐居后，思念军中的人和事，将原郑军将士业余娱乐的棋子操，演变成"棋子灯"。在秋收后利用农闲时间，他召集村里大人小孩，指导他们做两色花灯，用象棋棋子命名，在昭应殿（明穆宗隆庆四年，公元1570年建）前空坪上，指挥两色棋子灯对阵演练。

　　后洋源"棋子灯"由32盏灯组成，红黑棋子灯各16盏。灯笼以竹篾为骨架，色纸裱糊，制作出象棋棋子式样。各盏灯笼均写上象棋棋子的名称，内点蜡烛，意为保驾护航。以灯为"棋"，造型独具风格。每年元宵时节，棋子灯在谋士的指挥下，按照"礼神→布阵→对弈→行子→绕境"等传统仪式，下棋时双方各选一个下棋好手，抽签决定先后，摆开阵势对弈，按象棋比赛的规矩进行。棋手每走一步，相应棋子灯按棋手指令横竖进退布阵。同时配以鼓乐，仿佛千军万马在厮杀。决出胜负后，棋灯队走家串户时赢的一方为领队，输的一方随后游行。从昭应殿出发，沿着村道绕行全村一周。棋子灯所到之处鞭炮齐响，表达对来年安定、幸福、美满生活的祈求！然后又回到原地继续对弈，如此循环直至深夜。这个活动深受当地村民的欢迎，一直延续下来。

后洋源"棋子灯"乃吉祥灯，娱乐性极强，成为群众喜闻乐见的元宵活动。早年周边村庄，如王台、溪口、九坩、埂尾、高埠、际州、坋垱和峡阳等村，都有"棋子灯"活动的轨迹。每年正月，"棋子灯"除在本村活动外，还要到外村去舞。因此"棋子灯"风行一方，成为一项不可或缺的民间艺术表演和群众娱乐项目，深受百姓喜爱。

"文革"时"棋子灯"被迫终止活动。为弘扬民间优秀传统文化，20世纪80年代末，后洋源群众将几近失传的"棋子灯"又逐渐恢复起来。之后，乡人又将"棋子灯"与元宵舞龙灯及烛桥灯相结合，既秉承古风，又有所创新，精彩无比，蔚为壮观。"棋子灯"自创建至今，该遗产项目为代表性传承人与乡民代代相传，乡民均会制作棋子灯。技艺流传至今已有三百多年历史。悠久的历史，完好的古迹，古老的民俗构成了当地比较完整的文化内涵和历史传承。

近年来，后洋源利用元宵期间开展"棋子灯"民俗文化节，全村男女

老少齐上阵，"棋子灯"摆开阵势拼杀博弈。然后由胜者领先，败者随后，携龙灯、烛桥灯一道绕游村庄一周。游行队伍所到之处锣鼓喧天，鞭炮齐鸣，家家户户设香案、摆供品，竞相燃放烟花爆竹迎送，整个村庄都沸腾了。临近村庄的亲朋好友也都来走家串户，乡民们热情好客，来客越多越光彩，说明主人家人缘越好，来年喜事越多，福气越旺。这项活动表达了对美好生活的祈求！

南平市电视台曾专题报道，2009年《闽北日报》也有宣传报道，2011年《闽北民俗》刊登过民俗活动盛况，2014年《俗话闽北》亦专题刊登"棋子灯"民俗，对此活动均有记载。后洋源村2020年被授予省级"森林村庄"、市级"老年人健身康乐家园"、南平市"先进基层党组织"等称号。

如今，王台后洋源"棋子灯"已成为明清时期非物质文化遗产在闽北的遗存，其表演形式独特，是传统文化在延平的实物体现。由于后洋源元宵"棋子灯"民俗文化影响面较广，王台镇党委、政府为了加强文化自信，高度重视传统文化工作，将"棋子灯""元宵棋子灯民俗文化节"列为镇民俗特色文化之重点项目，组织人员发掘、整理、保护，让"棋子灯"得到更好的传承和发展，建立王台镇中小学为后洋源"棋子灯"的文化生态保护单位，搞好非遗进校园工作，让更多人观赏到延平的非遗文化，将"棋子灯""农家乐""采摘园"和"田园垂钓"相结合，实行招商引资，发展乡村文化旅游，建立文化产业，为乡村振兴服务。

（延平区）

元宵夜舞烛桥灯

　　每年正月十三夜，延平区茫荡镇筼竹村欢声笑语，热闹异常。村民们舞起了自制的烛桥灯，以独特的方式欢度元宵佳节，欢庆丰收年景，祝愿新年新气象。

　　烛桥灯的历史由来已久。据传，闽越王王审知第二十八世孙王佑，系筼竹始祖王成都之曾孙，因木工手艺精湛，享誉于世，于明初受皇帝册封，赠名为"四大匠人"之一，封龙凤标票加玉印。王佑领受褒奖的同时，向皇帝请求："谢主龙恩，在下身居深山僻壤，匪祸日猖，受此厚封，恐难安居。"皇上当即再封给他神铳四杆。当时，神铳几杆是身份的象征，只有京都、省府或是受皇帝御封过的人的家乡方可燃放四杆神铳，其余地方只能放三杆以下神铳。有此四杆神铳，便说明此地有京都要员所居，必有重兵把守，故燃放四杆神铳可除匪祸。

当年王佑进京受封，正值京城闹元宵，家家张灯结彩，龙灯、舞狮热闹非凡，各呈异彩，遂深受启发。返家后，他自创一格，以木为本，集龙灯与宫灯为一体，易静为动，克其娇弱之态，增其雄雅新姿，制成了独具一格的烛桥灯。灯体选用长2米、宽0.2米、厚0.06米的杉木板，两端各开一小圆孔，穿插一根圆木棒，便于撑擎与连接。每块板上以竹篾为骨，上糊宣纸制成的花灯两盏，灯内燃有红烛。每盏灯的周侧都画上各种人鸟花草、梅兰竹菊，或颂词吉语，诸如人丁兴旺、万事如意、五谷丰登、六畜兴旺、福如东海长流水、寿比南山不老松、爆竹声声辞旧岁、花灯闪闪迎新春等。烛桥灯取自太极图像，太极为阴阳交泰之态，太极分两仪，两仪生四象，四象生八卦，八卦生万物。烛桥灯遂取其欣欣向荣、万象呈辉之姿而舞之，亦静亦动，流光溢彩，气势磅礴又纤柔优雅，极具观赏性。按当地方言，"灯"与"丁"同音，顾名思义，舞烛桥灯含人丁兴旺、父传子承之意。因而，每逢元宵之夜，每家每户青壮年人手一板，板板相连，百十来号人各托一板，组成两百多米长的烛桥灯。舞烛桥灯时，响铳三声四杆神铳，锣鼓彩旗开道，挨家挨户拜年祝贺，大家竞相燃放烟花爆竹恭迎。

（延平区）

成功文化宴

南平市延平区与郑成功有不解之缘，这里不仅是民族英雄郑成功军政生涯的起点地和英雄史诗的开篇地，而且还与郑成功受封"延平王"关系密切，传承着众多与郑成功有关的风俗、游艺、民间传说和历史故事，它们在为延平山川增光添色的同时，也为延平的文化创造提供了源源不竭的历史支撑和智慧支持。

南平市郑成功研究会成立以来，为大力弘扬民族英雄郑成功的爱国主义精神，促进海峡两岸交流合作和旅游发展，在长期挖掘、搜集、整理的基础上，按照郑成功在福建的活动内容和历史遗存，以"成功文化"为主

题，广纳闽北地方菜系特色于一体，率先推出了"成功文化美食餐饮"（简称"成功文化宴"），简单而又直观地将郑成功光辉耀世的戎马生涯做了生动而丰富的美食阐述，不仅令人品尝后回味无穷，记忆深刻，而且还可让品尝美食的宾客们从"成功"的谐音中，收获到美好的人生祝福。

郑成功文化餐饮菜名（16道）：隆武一行来到延平"铜关相聚"，百姓闻讯"乡鼓列阵"，献上著名的地方风味"剑津笋燕"慰劳将士。郑成功"银刀护驾"随侍隆武，向隆武条陈"通洋裕国，据险控扼，拣将进取，航船合攻"等重要方略（即"延平条陈"），被隆武帝叹为奇策，特加封其为"忠孝伯"，挂"招讨大将军印"率军出征，前往"仙霞巡关"，驻防闽疆。

郑成功奉命与将士们"严阵以待"，终因粮饷不济，情势突变，只得取道三千八百坎出汀入赣，在茫荡镇宝珠村留下了"瑞龙迎君"的历史佳话。君臣相别后，郑成功转征闽南，视师海上，开始了在鼓浪惊涛中"苦志守节"的练兵生涯。十数年来，郑成功南征北伐，挥师金陵，战功卓著，受到"永历赐印"的隆重表彰，被封为"延平王"。公元1661年，郑成功在金门的"料罗催发"声中与将士们"同舟共济"，"时来运转"，渡海成就了"赤嵌扬威"的收复大业。其"一片丹心"，万古流芳；其驱荷壮举，"青史留名"；其延平雄风，"千秋群颂"。愿以郑成功戎马生涯为主线的"成功盛宴"，祝福所有的来宾们幸福安康，心想事成！愿代表着郑成功戎马一生的"成功文化美食餐饮"，祝福所有的来宾时来运转，一帆风顺！

（延平区）

笋燕的故事

笋燕是延平区最具有特色的名肴，被称为"闽北一绝"。素有"到延平没吃笋燕，等于白来"之说。它是延平人民逢年过节餐桌上必备的佳肴和款待宾客的上品。主材料：冬笋、五花肉、粉丝、水发香菇、胡萝卜。配料：葱、淀粉、鱼露、生抽、红酒、胡椒粉、味精、盐、生姜。制作步骤：1.将干香菇先温水泡软。2.里脊肉、冬笋、红萝卜和泡好的香菇全部切成细丝备用。3.粉丝用热水泡软并用剪刀将粉丝剪成五厘米左右。4.锅内放入猪油，烧热后先把肉丝炒熟，再放入笋丝、香菇丝、红萝卜丝翻炒。5.加入高汤水，最后烧开放入泡好的粉丝。6.放入调料：盐、味精、白糖、胡椒粉煮开勾芡，中途加入猪油，用铲子不停搅拌均匀，以免粘锅。7.加入麻油和葱花起锅上桌。

相传满清八王爷奉旨前往江南视察，曾国藩接待了他。虽然吃遍江南美食，仍感无味。一天，不知八王爷何故心中不快，这可急坏了曾国藩，想尽办法让八王爷开心。此时，恰逢曾国藩家厨子来了延平远房亲戚，并带来了笋、香菇、粉丝等闽北特产，厨子灵机一动，就利用他们带去的闽北特产笋、香菇、粉丝，加上肉丝及佐料，炒了一盘菜肴给八王爷品尝。

八王爷此时心情甚好，胃口大开，连吃几口后，不停叫"好吃，好吃"。突然，他想起要向慈禧老佛爷推荐这道特色小吃，便问："这菜叫什么名，我要介绍给老佛爷尝尝鲜。"曾国藩也说不出这道菜的名字，想把厨子叫来，问他此道何菜。此时，厨子刚好走出去，便叫厨子的孙女："孙燕、孙燕……"意思是想叫厨子的孙女孙燕去喊厨子来。偏偏歪打正着，八王爷听了眉开目笑，以为"孙燕"就是这道菜名，连连点头："笋（孙）燕好、笋（孙）燕好。"回京就向老佛爷推荐了"笋燕"。慈禧老佛爷吃了"笋燕"，赞不绝口，重赏厨子。消息很快传遍了清宫，王爷贵族们争相吃"笋燕"。从此这道名菜就问世了，成为闽北一绝而流传至今。

（延平区）

麻 沙 豆 干

　　麻沙，是八闽著名的文化古镇，唐末开基，宋元明渐至极盛，清乾隆在麻沙设建阳分县，址于今麻沙老街之"衙门前"。宋代由于北方战乱，中原文化南移，麻沙文化事业得到很大发展，成为全国三大雕版印刷中心之一，号"图书之府"。中原文人雅士的聚集，自然给麻沙带来了先进的生产技术和饮食文化。因此，正如当地谚语所云："麻沙饼、书坊糕……"各种用祖传秘方工艺制作的特色菜肴，有如雨后春笋遍及乡里坊间，"麻沙豆干"就是其一。

南宋时期，北方战乱，许多落难朝臣、富商巨甲、文人雅士纷纷南下，避乱求存。在他们给当地带来先进的中原文化和生产技术的同时，也带来了各家祖传的食品制作技艺，"麻沙豆干"即其中之一。虽然当代传人江其高、现代传人张善源也不知自己是哪一代传人，但他们没忘祖训，始终恪守着"为家人谋生存，为后代谋发展，传单不传双"的理念，将此秘密配方和手工技艺，传给一代代的传人。

"麻沙豆干"是豆腐的纯手工工艺再加工制品，配方用料系民间代代相传。挑选上好的黄豆，浸泡后，豆子吃满了水，饱满圆润。然后这些豆子就要进入磨浆阶段，磨浆以后师傅们将磨好的豆浆盛入一个粗麻布做的布兜里，一只手不断地摇动布兜里的豆浆，叫作"摇浆"。"摇浆"很重要，豆腐的过滤和细腻就取决于摇浆。摇浆后再盛入锅中煮沸，点入"卤水"，豆浆慢慢凝结成豆腐脑儿。再将豆腐脑儿盛入木制的方形笼屉中压实，将水沥干就成了。

麻沙豆干其形状规整，呈猪肝色，有光泽，压之有弹性，截面白嫩如玉，闻着清香沁脾，吃着鲜爽久远。热火炒出后口感嫩、香、滑，令人回味无穷。它是炒的很干的一道菜，烹饪加工时，将麻沙豆干切成一片一片，韭菜是它最好的伴侣。将食用油倒入锅中，先下豆干煸炒到出香味，再加入韭菜快速翻炒，"香、韧、嫩、滑"的美味佳肴就端到了你的面前，吃后口齿留香。当地人有一句方言，叫"很下饭"。吃完，人们往往会赞叹：很家常的一道菜却做出了不一样的味道。

麻沙豆干不仅在当地盛行，老百姓爱吃。因它有便于携带、不易变质的优势，又被千万游客带往各地，广为流传，成为有口皆碑的食品。

20世纪六七十年代，由于受计划经济的约束，麻沙豆干仅在当地家庭小作坊制作，销售量极小。改革开放后，技艺传承人江齐高、张善源不断扩大家庭作坊，产量每天限制500-600斤，除销当地市场外，也由物流销往外地。

目前，随着麻沙镇人民政府加大对其品牌的扶持和宣传力度，麻沙豆干也正走向全国。建阳、延平、邵武……甚至是更远的厦门、杭州、上海的一些餐桌上，都有麻沙豆干的美味。

（建阳区）

水仙茶的传说

  在闽北南浦溪畔，南平市建阳区小湖镇有个村庄叫大湖村。河东岸有座大山叫岩叉冈，这里是福建名茶水仙茶的发源地。

  传说很早以前，大湖村有一位苏氏的后生哥靠砍柴烧木炭谋生。后生哥小苏很勤劳，每天天刚蒙蒙亮，便戴着竹箬笠，带着大柴刀，撑船渡过南浦溪，来到岩叉冈砍柴烧木炭。每天，他在山上砍啊砍啊，要砍到日头落了山，鸟儿进了巢，才肯收工歇息。

  从春到夏，从夏到秋，小苏砍了很多柴，烧了很多炭。尽管那木炭一担一担挑到墟上卖了，可是，因炭价廉，卖不到多少钱。小苏依然住在一间土墙老厝里过着穷苦日子。

  有一天，后生哥小苏又起个大早上了岩叉冈，早早动手砍柴，不晓得是天气太热，还是人太劳累了，他砍着砍着，便满身汗水，嘴巴干焦，渐渐四肢无力，两眼一黑，就昏倒在山上了。

  迷糊中，小苏看见有一位白胡子老人，从山中一个岩洞中走出来。那老人走到他身边，摸摸他的额头，把把他的手脉，回身从岩洞口一株小树

上摘了几片绿叶，放入他口中，小苏立即觉得山中吹来了一股舒爽的清风，一股水花一般的香气直入心肺，头不昏眼不花了，舌头不干焦了，通身慢慢长了力气。

老人笑微微地看着后生哥，小苏赶紧一骨碌爬起身，向老人道谢。老人拉住后生哥，将那枝长满绿叶的小树枝交给他，开口说："我叫祝仙，住在这祝仙洞中。这叶能治病救人，现在就送给你，拿回家种上吧。"

小苏接过小树枝，左瞧瞧，右看看，便闻得树枝上片片绿叶清香扑鼻，又用舌头舔了舔那厚大的叶片，更是让人满口生津。后生哥要向祝仙老人拜谢，刚刚弯下身去，那祝仙老人却不见了。他便跪在祝仙洞前，对着洞口磕了几个响头。

后生哥得了这支长满绿叶的树枝，以为是祝仙老人的仙草，便将小仙树插在竹箬笠上，戴在头顶带回老厝。然后，他小心翼翼地把小仙树栽在厝门旁的泥墙旁边。

当天晚上，半夜时分，老天突然刮起了狂风，下起了暴雨。风雨中，只听"哗啦"一声巨响，小苏住的那间老厝的半边泥墙倒塌了，那支刚刚栽下的小仙树被埋在那泥墙下。

第二天，小苏看到小树被一堵泥墙压在泥堆里，心里好生难过。

过了好几天，小苏砍柴回来，忽然看见那倒塌的泥墙中，竟生出了很多绽芽抽叶的小枝条，这些枝条都是从压在泥墙底下的小仙树中发出来的。小苏见了，高兴极了！

说起来也真巧，就在这些日子，大湖村里好多人生了病，那病就像后生哥在岩叉冈岩上得的病一模一样，先是满身流汗，头昏脑胀，唇焦口燥，胸闷气憋，接着便四肢无力，昏昏沉沉。乡亲们请郎中来看病，吃了汤药却不见好。

后生哥小苏见状便到泥墙堆中，把那些新生长出来的仙树枝条上的嫩叶，一片一片摘下来，给生病的乡亲挨家挨户送上几片，泡水给病人喝。谁料想，那些病人喝过这仙树树叶泡的水，立即药到病除，一个一个都很快复元了。

乡亲们纷纷感谢后生哥小苏。

喝过仙树树叶水的乡亲，看见那树枝在后生哥的泥墙堆下竟能抽条发叶，便也想栽种上几株。乡亲们对小苏说："后生哥，这小仙树出得野，剪几枝给俺人栽种吧？"

心地善良的小苏连说："好呀，好呀！"

从此以后，祝仙老人送给后生哥的小仙树，就在大湖村逐渐扩种开了。乡亲们从泥墙压枝会抽条爆芽得到启发，栽这种树，便都用压条植株。当地茶农又想出了摘青叶加工的方法，使得茶树叶能保存得很久很久。而且，制作出来的茶香就如水仙花香般透人心肺、甘醇芳香哩。

随着茶香又能治病的消息传出，茶农视这株茶树为"茶中之仙"。外乡人纷纷慕名向小苏打听那棵树的来历。因为当地人说"祝"与"水"字发音相近，这一带人都把它叫作"水仙"，因此，大家都把这茶树叫作水仙了。

水仙茶便从南浦溪畔的大湖村传种到武夷山，传种到福建闽北，在闽地的山山水水之间传开了。

（建阳区）

彭墩高照灯

彭墩高照灯，是一种"高照"纸灯，堪称建阳花灯之王。此灯在间断失传了40多年之后，在1988年春节期间，有百余个单位参加的全区首届花灯一条街大展赛期间，以崭新的风姿、雄伟的气派展现在建阳人民面前，一时引起了轰动。

"高照"，取吉星高照之意，这种巨型纸灯，由12组灯箱和3组旋转顶灯相叠而成，形体似塔，高达四层楼。据道光《建阳县志》记载，高照灯起源于明代，臻繁于清朝。乾隆年间人云："纱灯惟苏州为最，纸灯甲于天下，则莫如建阳也。"这足见建阳花灯历史之悠久，工艺之精巧，气势之磅礴。由于这种灯制作工艺复杂，耗费大，据老人回忆，建阳仅在庆祝抗日战争胜利和庆祝土地改革时举办过"高照灯"活动。

在大力提倡弘扬民族民间优秀传统文化的今天，建阳区童游街道彭墩村的民间老艺人吴桂堂、章希涛带领6位农友，在村干部和热心人的支持下，发动村民，自愿捐资3000多元，并四处奔走购买制作材料。他们凭记忆用了两个多月时间，赶制出了高达13米，重200公斤，上挂36盏神态各异的花篮子灯装饰的大"高照"。游行表演时由24人同步操作，极为壮观。另外与之相互配合表演的还有16位少女手举32盏传统花钵灯载歌载舞，三支古老打击乐队和民乐队共80余人。

那是一盏怎样的神灯呢？

此种神灯，我儿时看过，也依稀记得街坊婶婆说过。因为神灯佑民，所以当地人看见此灯，便要虔诚注目，合掌而拜。行走的神灯一旦伫停在某家商店门前，店主人或宅主人必须燃放事先备好的鞭炮，尔后还得递上灯油钱。

元代诗人谢宗有诗云:"拔地烧空空炬长,烛龙桂影照穹苍。七层火树云生暖,九曲神珠夜吐光。霞光彤幢归净界,星随绛节下西方。如来应到天坛上,万斛金莲绕步香。"这正是彭墩村高照灯高高竖起并大放异彩时的真实写照。

这支象征着吉祥、太平、富庶的"高照"灯队的表演把整个春节花灯赛和龙灯赛踩街活动推向了高潮,大饱了观众的眼福,使春节和元宵群众文化活动出现了前所未有的新气象,体现了民间艺术活动的魅力。

岁月老去,扎糊(制作)高照灯的民间艺人也相继离世。所幸迄今健在的老艺人吴贵堂仍痴心于高照灯的制作,并找到了传承人。经吴贵堂老人等的悉心传授,在彭墩村,新一代传人——一批青壮年已经掌握了高照灯的制作、表演流程。这批年轻传人心气更高,决心将高照灯制作与表演这一民俗申报为非物质文化遗产,让这一民间艺术奇葩绽放得更加绚丽多彩。

(建阳区)

立夏搓黑白圆子

每年在立夏那天，人们常会说"夏日打一点，农田只要捡"。立夏预示着夏天的开始，雨水慢慢变少，农民们为了祈求风调雨顺、一帆风顺、圆圆满满，邵武当地世代都流传着在立夏当天，做立夏圆子吃的习俗。

邵武市城郊镇山口村是一个传统农业大村。每年大部分时间农民都要在农田里干活，田里湿气重，为了能去掉湿气，当地人会做一种叫"艾叶圆子"的美食。下面来讲一讲艾叶圆子的做法：准备上好的大米用水浸泡一晚，用传统的石磨磨成米浆，将晒干的艾叶草烧成灰与磨好的米浆混合在一起，倒入热锅中不断搅拌，直至成团，取出后用手搓成长条状，接着拽下拇指粗的小团，将其搓圆。圆子全部搓好后，就是煮的环节了。煮圆子可是很有讲究的，要将揉搓好的米团子放在蒸笼上蒸20分钟，时间和火候都要控制好，煮熟后咬起来特别Q弹，否则会影响食用的口感。20分钟后取出，再用糖与切丝的生姜一起炒。因为艾叶圆子色泽黝黑，所以大家也叫它"黑圆子"。"黑圆子"不但味道好极了，而且还具有温气血、祛寒湿、补肾的功效。吃了"黑圆子"后，干农活也不会那么容易腰痛了。

农民的智慧是无穷的，经过时间的洗礼后发现了圆子的另一种吃法——煮"白圆子"。这种圆子做法与艾叶圆子一样，唯一的区别就是白色的，那是因为没有放艾叶灰。当然煮法上也不同于黑圆子，有很多讲究，根据自己喜欢选择配菜，可以用新鲜的笋、瘦肉、香菇、豆干、芋子、虾米、豆芽等食材。先把准备好的配菜下锅加入蚝油、生抽、老抽、鸡精、食盐等调料炒至断生后装盘备用，然后重新往锅里倒入适量清水或骨头汤，烧开之后倒入"白圆子"和炒过的配菜一起煮，大约半小时后锅里的汤汁就会变得浓稠。然后就可以出锅享用这道属于我们闽北邵武的立夏美食了。

近年来，山口村村民充分发挥自身传统优势，采取传统纯手工工艺制作的黑白圆子出现在大街小巷，因其绿色、味美、口感上佳，深受消费者欢迎。经过数十年发展，现已成为村民增收的一项重要产业，占据了邵武城区90%的市场，并已进入周边县市的市场。

（邵武市）

竹为肌骨的非遗绝技

关于旱龙船，各地有各自独特的风俗和形制。中原一带旱龙船舞蹈，是模仿水中划龙船之舞。湖北黄梅的旱龙船是一种曲艺说唱艺术，用的旱龙船长约50厘米，龙头插一根野鸡毛，铜锣悬挂在龙船的一侧，小鼓绑在架子上。艺人坐在一旁的小木凳上，一边口中说唱着，一边左手敲锣，右手敲鼓。江西萍乡的旱龙船则像是一场盛大的民俗表演，以划船方阵为中心，高跷秧歌、地秧歌、七仙女表演等演出方阵依次分布，演员是清一色的当地农民，热闹有趣。

而闽北邵武将石的旱龙船截然不同，是民间艺人的匠心制作。不同于湖北黄梅50厘米的旱龙船，它身长6至8米，高则有3至4米，看上去威武雄壮。因有龙头、龙身、龙尾，龙首船身，也叫作"龙船"，这船是不下水的，是名副其实的"旱龙船"。

据说，旱龙船的风俗活动起源于明朝初期。现在每年元宵夜，肖家坊镇将石村及周边的上千村民都会前往将石村举行旱龙船踩街活动。正月十四晚8点，吴氏宗祠内，几十个老艺人给旱龙船塑身，宗祠大门紧闭，小门有专人看守，非技工人员不得入内。塑身完毕，大门开启，神铳三响，鞭炮齐鸣，锣鼓喧天。

第二日的元宵节才正式进入到旱龙船踩街最精彩的环节。在欢快热闹的唢呐声、锣鼓声、鞭炮声的交织陪伴下，腰系红布带的数十名壮汉抬出旱龙船，严谨有序的队形绕街三周，火把队、双锣双鼓队、跳八马、龙神大圣、唢呐队等紧随其后。队伍威风凛凛，巡游村中街巷。

将石旱龙船采用轧制技艺，以毛竹为原材料轧制而成。首先在选材上就十分考究，并非选用普通毛竹，必须经将石狮子岩三王殿卜卦，指定每年选用龙骨的毛竹山场，再寻大小毛竹七根，伐后用红布条裹住，当晚7点入宫。

旱龙船的制作工艺艰巨、浩大，且必须在一昼夜的时间赶制成功。在规定的尺寸之内，将石匠人分为若干个制作小组。龙头、龙中、龙尾同时加工，进行组合，后由花草组装拼组装，花工六十多人。

除毛竹之外，还须用到红、白、黄、黑、绿、紫、蓝七色纸50张，七色皱纸20张，糯米浆5斤，麻绳3斤，小号铁丝2斤，木炭50斤，火药15斤，各种装饰灯笼4对，计时电连灯20米，及彩塑花草图案，花布5丈，红布2丈，电瓶等等。繁琐细致，每个环节都要十分讲究。

时光荏苒，随着老艺人相继过世，精细繁琐的旱龙船工艺绝技难以得到传承。好在当地政府十分重视，在政府和当地村民的共同努力下，旱龙船被列入省级非遗项目，吸引更多年轻人认识并喜欢上这项百年技艺，推动年轻人成为这项非遗传承的中流砥柱。

（邵武市）

火　箱

古代启蒙书《三字经》有"香九龄，能温席"的故事。说的是黄香九岁时很懂礼貌又很孝顺父母，在严寒的冬天，睡前会自己先上床睡热被窝，再让父母上床，使父母能感觉被窝里暖暖的。

在古代如此孝顺的人毕竟不多，后来人们为了抵御严冬夜寒，发明了"火箱"取暖。闽北的冬天，往往湿冷，古时候没有空调，没有地暖，没有电热毯……要过冬，白天可以用火笼，可是到了晚上，火笼派不上用场了。于是，民间心灵手巧工匠就发明了火箱。过去，邵武人几乎家家户户都有一个火箱。小巧的火箱，晚上放进被窝，将被窝烘热，那叫一个暖和！

火箱的制作简单易行，即请木匠工用小木板做成方形小火箱。规格大小不一，一般的高约14厘米，四周边长16厘米，周边与顶层都留有空间通风。火箱内底板上放一片约12厘米大小的铁皮，以防底板木烫焦。

不要误解火箱中直接放炭火，那会将外面的木头烧了。是外面木头做了箱子，里面放了一个泥钵头。泥钵内铲适量的火炭再盖上炭灰，然后再将泥钵放在铁皮上。这样的火箱放入被窝里暖烘烘的，再寒冷的冬天也有温暖的被窝了。

不过，火箱不是那么保险，也有安全隐患，因为毕竟有炭火在箱子中。如是小孩或老人，上床后必定要将火箱取下，以保安全。过去也有老人或者是小孩用火箱烘床到天亮，不慎失火酿成火灾的事例。

还有一种"长圆形火箱"，可以在床上来回滚动，有点象鸟笼，高约13厘米，长约26厘米，四周用多根竹篾小棒拴好，相距一定空间。长圆形火箱内，不是放泥钵，而是一个小长方形铁盒，长约16厘米，深7厘米，底部是半椭圆形的，铁盒子两头上方边沿各钻有小孔，用一根28厘米长的8号铁线做轴承，穿过两小孔，铁线两头再固定在两边圆木中心的滚轮上。小铁盒子悬空而随着轴心小孔转动，铁盒里的火炭也不会落下。

过去，市面上有各种规格的火箱出售，任人挑选。解放后，五六十年代还有人用火箱取暖，直到市场上有了"电热毯"销售，人们开始逐渐以电热毯替代了火箱，既安全又温暖。

如今，"电热毯"进入千家万户，火箱时代成为历史，一去不复返了。

（邵武市）

天下一味数熏鹅

武夷山岚谷熏鹅味辛辣，色金黄，是福建省的非物质文化遗产，武夷山流传着《教谕嗅香寻学子》的故事。

相传明嘉靖年间，建州教谕李士龙到岚谷带考。老先生虽"平生修谨，与物无忤"，却是个美食家。当时，岭阳古道旁住着个穷秀才，没有美味珍馐，只好杀鹅招待。慌乱中，翻倒了五味瓶，辣椒粉撒进锅中，顿时满屋熏香，无意间成就了熏鹅。或许是从来没有品尝过如此美味，教谕大人大快朵颐，全然没有读书人的温文尔雅，全然不顾朝廷命官的身份……

待穷秀才缓过神来，教谕大人早已飘然而去，留下了一幅"天下一味"的字幅，旁落款识：

岭阳道旁小柴屋，辣椒白米来落锅。

红米米粉水豆腐，天下一味数熏鹅。

这是一首武夷山童谣，歌中的岭阳、白米落锅是岚谷著名的风光景致。红米、米粉、熏鹅、水豆腐是当地传统美食。

学子们考得怎样不得而知，但穷秀才舍弃了功名，把"天下一味"匾于门额，做起了熏鹅的营生。而款识却成了童谣，在武夷山广为传唱。

岚谷熏鹅还与武夷山的一些重大历史相关联——崇祯年间的斋民起义、郑成功扼关拒清、乡人"反清复明"、太平天国与清军激战。当年义军留下的"昨战敌营寨，今朝奏凯歌。赏银三百两，换着一熏鹅"，至今仍在山中不绝于耳地回响。

20世纪30年代，闽赣省委、闽北苏维埃政府在岭阳关乌山寺设对外贸易处。乡苏主席刘锡恭（刘振明）曾在此开"岚谷熏鹅"店，开展苏区对外贸易，默默地支持苏维埃政权的运转。

熏鹅制作主要流程是：选择60-70日龄，体重1-1.5公斤，当地放养的白鹅，放血、褪毛、去内脏、洗净。将洗净的胴体置沸水煮20-30分钟，加盐少许，七至八成熟时取出沥干备用。

熏制要准备食盐、桂叶、糯米、茶叶、酱油、鸡精、辣椒粉、砂糖以及岚谷冬酿等佐料。将白鹅腹腔涂抹食盐、鸡精、辣椒粉、白砂糖等佐料，搁置30分钟左右。

熏制是岚谷熏鹅制作最重要的一道工序，主要是将糯米与食盐拌匀，与桂叶、茶叶等香料一齐放入锅内，并放少许煮鹅汤。再将白鹅胴体置于青竹片架上，盖严锅盖，用中等火候熏制10分钟左右，待锅中溢出香味时，将锅盖开一小缝，倒入少许当地特有的岚谷冬酿，再盖1-2分钟，即可。

据《武夷山市志》三十三卷记载：岚谷熏鹅"体外呈金黄色，油滋滑润，烟香扑鼻，皮滑肉脆"，是宴席上的佳肴。

如今，岚谷熏鹅已告别了沿街叫卖的日子，那诱人的袅袅烟香，早已走出那偏远的乡村，走进了南平、福州、厦门、深圳、上海，走进了像沃尔玛那样的大型超市。当年，那位穷秀才不经意间的发现，在后人的不断补充和完善下，熏鹅成为响亮的品牌，成为岚谷的名片。

（武夷山市）

畲 乡 腊 味

趁着腊月午后的暖阳，若徜徉在小城顺昌的街头，会看见街边许多人家的阳台上，挂着腊肠、腊肉、腊鸭子等，于是猛然想起，快过年了。

腊肉是家乡的特产，清香爽口、肉质细腻、咸淡合适，吃在嘴里有一种醇香的味道，令人荡气回肠。而畲乡的腊肉又有它独特的风味，大概是因为它的特殊制作工艺吧！

冬至刚过，是家家户户忙做腊肉的最好时节，据说这期间做的腊肉，放一年都不会坏。母亲是做腊肉的好手，她先把农家饲养的新宰杀的猪肉切成5厘米宽的长条条，然后就是炒盐，盐里放花椒、桂皮粉、八角粉等香料，炒得香喷喷，让整个屋子都弥漫着浓浓的香味，等到稍微冷却后涂抹在肉上。腌上一周，每两三天去翻动一下。这一腌，调料和肉就充分地融合了，母亲说是入味了，肉的腥味也没有了，肉就不会坏了。七天腌制期一到，就用绳子或者铁丝穿起来挂到通风的吊脚楼走廊上，偶尔也挂在谷架上晾晒，让它慢慢风干。

肉晾干后，用茶籽壳、秕谷、木炭、茶叶梗等来熏肉。熏肉是件很辛苦的事，同时也是最有技巧的工序了，火不能太大，不然就要把肉烧化，或是把烤焦了，黑乎乎的，一点食欲都没有，小了又起不了熏的作用。父亲母亲经常会在灶房里轮流熏一个晚上，眼泪长流，才端出肉皮金黄、肥肉冒油、瘦肉溢香的腊肉，我们都想伸手去拽一块下来。"生的，吃不得！"小手被母亲轻轻打开，馋得口水直往肚里咽。

畲家小村家家户户的屋檐下挂着一排排熏腊肉，那是老家一年中最美的风景。一家老小进出门的时候，都要仔细看上一眼，日子似乎就变得有滋有味起来。不用吃，只需看一看，只需闻一闻，嘴里已经是香津津的了。吃的时候，只需要把腊肉切下一小块洗干净蒸熟，然后切成薄薄的一片一片，放在碗里黄灿灿、亮晶晶，虽然入嘴即刻化油、化渣，但肥而不腻、咸淡正好、口齿留香，吃了还想吃。熏腊肉醇、香、润、温，辛辣显其油润，清淡添其丰腴。佐以香芹大蒜煸炒，或切片直接清蒸，邀上你的亲朋，饮上一杯陈年的畲家糯米酒，口齿余香，陶陶然，一股知足常乐的劲儿。

畲乡的腊肉，外观色泽黝黑黝黑，切开黑白相间，一块块如家乡的汉子，蛮实、敦厚、淳朴。比起城里超市的那些包装精美且价格不菲的腊肉，它多了一份朴实，少了一份华丽。寒冬时节全家老小围炉而坐话家常，其乐融融。火炉上方挂着一块块腊肉，油脂溢出来，落进火炉里，发出噼里啪啦的声音，满屋飘香，整间屋子顿时变得更加温馨起来，畲乡的味道就在这香喷喷的腊味里浓浓地荡漾开来。吃上一块，马上就会感觉到有一种浓郁悠远的美味荡气回肠，让你回味一辈子。

这是满汉全席上也没有的美味，用来下酒，想想康熙乾隆也不过尔尔。慢慢咀嚼，细细品味，酒香的沉郁也掩盖不了腊肉的清香，一丝丝、一缕缕的乡情，让我想起了家乡的那山、那水、那人……

畲乡的腊味，不仅仅是一种味道，更是一种生活。想要了解畲族人民的生活要从品尝畲乡特有的腊肉滋味开始，畲族人民备好上好的畲家陈年米酒和畲乡腊味，唱起动听的畲族情歌，真诚欢迎你们走进畲乡。

（顺昌县）

顺 昌 灌 蛋

民以食为天，这是中国的一句老话。在民间，百姓往往会创造出不同的美味。顺昌就有一种特殊的美味——灌蛋。在福建南平，灌蛋是顺昌小吃的一张名片。晶莹剔透、圆润饱满的灌蛋，吸引着南来北往的游客。顺昌人每到农历大年三十，家家户

户都有做"灌蛋"的习俗，灌蛋也成为招待亲朋好友的必备菜肴之一。

康熙年间，顺昌仁寿的饶元从军。花开花落、月缺月圆，多年过去了，一直没有音信，年迈的饶家父母和俊秀的媳妇，都盼望远征的亲人早日回家团聚。有一年大年三十，饶元终于返乡，正好饶家的两个女儿也来给老人送年货，大女儿送来猪肉，二女儿送来鸭蛋。一家人团聚，饶父非常开心，即兴出道题，要儿女们把肉和蛋做成一道能象征团圆、欢乐的菜肴。

首先由大女儿动手，她把蛋敲开打散，再把猪肉切碎，和在一起放到锅里煎成一块饼。饶父看了说道，蛋打碎了不算团圆，要煮成囫囵蛋才好。接着由二女儿上场，她把蛋轻轻敲开，倒在碗中，把猪肉切碎撒在上面，蒸成一碗蛋肉块。饶父说蛋虽囫囵然肉末在外，牵强凑合但仍有些不满意。聪明手巧的三儿媳，看见神龛上烧着香，就把香取了三根，折下竹

签，然后小心地打开一个鸭蛋，发现蛋中有一小眼，就切碎了一些肉末和好味，用竹签轻轻地将碎肉从蛋眼中灌进蛋黄里，最后再倒入汤锅中煮熟。过了一阵，一个完整的嵌着肉泥的蛋浮起来了。饶父很高兴，直夸三儿媳妇巧，边吃边夸："远瞧似银锭，咬入黄金现，好一个'银包金'，团圆财广进。"后来邻居们知道了，照样制作品尝，觉得味道甚好，于是就流传下来了。

灌蛋为仁寿、洋墩一带地方特色菜，它用料讲究，做工精细，色白面嫩，漾青发红，馅绵爽滑，香甜可口。农家每到大年三十，必做灌蛋。正月招待客人常有这道菜。

看似简单的灌蛋，做起来并非易事。鸭蛋必须选用放养的土鸭蛋，因为这种蛋不仅新鲜有营养，而且蛋清比一般的蛋更黏稠，不容易散开，更适合做灌蛋。香菇是灌蛋馅料里必不可少的，因为它能够紧紧地锁住油汁，让灌蛋的口感不会太腻。灌蛋馅料还讲究荤素搭配，除了香菇，还要把前腿肉剁碎加上盐、料酒一起搅拌均匀。

灌蛋的制作过程并不复杂，但需要很大的耐心。灌蛋的神奇之处，在于蛋黄中"料多而不破"。而"不破"的秘密，在于找准鸭蛋黄表面白色的"蛋眼"。取一枚饱满的鸭蛋，轻轻敲碎并倒入一个小杯中，用三根被削尖了的约25厘米长的小竹条，在杯子里的蛋黄中寻找一个小眼，用一个小竹条将小眼轻轻刺破，另外2根小筷夹住剁好的肉馅，一点一点塞入，根据蛋的大小选择灌肉量的多少。用大骨熬制的高汤烹煮，直至鸭蛋漂浮至水面，就可以随汤捞起。

吃灌蛋寓意有二：一是蛋圆，寓团团圆圆之意；二是灌蛋外形极似银元宝，人们称其为"银包金"，祈愿生活安康，财源广进，寄托了人们对生活的美好祝福。

（顺昌县）

洋口油纸伞

　　洋口油纸伞，曾是顺昌县洋口镇一项重要的手工艺制品。它轻便实用，深受百姓的喜欢。

　　洋口制伞始于清乾隆年间，迄今已有200余年历史。到20世纪20年代

初，洋口制伞业已粗具规模。后来，第三代传人秦六　又在原有的技术基础上进行了三次成功的改进，使得油纸伞制作工艺更加完善，并推动了洋口制伞业更上一层楼，洋口油纸伞逐渐成为福建纸伞三口（洋口、水口、闽清口）名牌之一，在省内外都享有盛誉。

洋口油纸伞以产44骨明油纸伞为主，要经过车制伞头伞把、熨伞柄、剖制伞骨、钻孔、开槽、杀蛀、穿伞骨、开纱、褙伞、熬桐油、油伞、刷漆、穿头发线与绵纱线等10多道工序，每道工序都很考究，都得严格把关，疏忽不得。

在制伞工艺中，熬桐油是关键，过火或欠火，熬出的桐油都将对油纸伞的质量有直接影响，有较高的技术含量。伞的用料也十分讲究，伞骨须选顺昌多年的老竹，桐油得选仁寿、洋墩一带出产的上等桐油和蛟溪一带的野柿子油，伞面得用尤溪棉纸，等等。再就是制作时间，因为裱伞、油伞、刷漆等工序都需要一个晾干的过程，所以制作一把伞大约需要一个月的时间。另外，洋口油纸伞还有一个独特之处，就是所剖制好的伞骨都要经过砒霜浸泡的杀蛀处理，所以洋口油纸伞的伞骨不霉不蛀，使用寿命长。

因此，在很长一段时间内，洋口油纸伞备受欢迎，甚至远销海外。其中最负盛名的是泰祥和伞店，民国三十一年（1942）产雨伞2万把。

1946年之后，受时局的影响，洋口制伞业开始由盛转衰，直到解放后，才重新得到恢复和发展，1956年恢复到历史最高水平。

那时候，油纸伞还是每个家庭必备的日用品，但洋口油纸伞与工艺品性质的油纸伞不一样，不花哨不精致，一律都是透明的棕黄色，那是在桐油中浸过的缘故。虽然当时纸伞的质量相当好，但纸质伞面经不起磕碰，容易破损，很快就被又笨又重、不好看但经久耐用的大黑伞所取代。过了几年，大黑伞也寂寞了，轻便漂亮的折叠伞开始大行其道。

从20世纪70年代后期，尤其是改革开放后，洋口油纸伞这一传统名牌产品渐渐失去了市场，再一次衰落了下去。油纸伞就这样悄然退出了大众的生活，退出了大众的视线，从生活的必需品变成了生活的点缀品，慢慢地，甚至连点缀都难得一见了。

（顺昌县）

畲乡家酿红酒

作为畲族人，我对顺昌畲乡的最深印象，大概要算是畲家自酿的红酒了。尤其是陈年红酒，深红浓香，让人陶醉。畲乡人（山哈人或山哈客）有自己独特的风俗文化，其中酒文化是一个重要内容。

畲乡的酒文化首先是饮酒的普遍性。山哈人不管男女老幼都会饮酒，一般家庭四季皆饮米酒。酒是他们平时交际待客的必用品，至于逢年过节、喜庆寿诞，捋袖猜拳、推杯换盏更是司空见惯。山哈人长期以来以种植稻谷为主，而酿制米酒的主要原料就是稻米。山哈人饮的是用糯米酿制的红酒，而且几乎所有家庭都会酿制。酿酒技艺的高低，成为衡量一个畲家妇女能干与否的标准之一。

畲乡盛行红酒的原因有二：一是畲乡红酒味美香浓为任何红黄类酒所莫及；二是酿造简便，家家户户都可以自酿。其制作方法是：将糯米洗净浸透，置饭甑内蒸熟后，倒至簸箕上充分摊冷，然后盛入坛中，将"酒饼"（即曲药）研碎调冷开水淋撒饭上拌匀，中央挖一"酒井"，加盖并保温3天，即见酒井中渗有酒酿，若置阴凉处保存，越存越香，经年不薄。其特点是醇厚自然，不加酒精，老少皆宜。享用者都用大碗，无不称快。

畲乡酒文化的独特性还表现在"做酒"的广泛性。山哈人几乎所有的喜庆筵席俗称"做酒"。畲乡的酒宴十分广泛，遍及各种喜庆活动中，这种酒宴一般以酒宴的内容来称为"某某酒"，比如婚嫁中有"暖轿酒""结婚酒"，孩子出生之日要做"三朝酒"，半月要"吃姜酒"，满月做"满月酒"，周岁要做"过周酒"，老人过生日要做"祝寿酒"。还有"毕业酒""栽禾酒""拜师酒""出师酒""上梁酒""圆屋酒"等等，名目繁多，不胜枚举。这种"做酒"活动自然不仅仅是饮酒活动，实

际上多是菜肴丰盛的筵席，然而却被冠以"酒"的名称，可见酒在山哈人心目中的地位是很高的。

畲乡还盛行以"酒"为礼。在顺昌畲乡的各村，酒是非常普遍的礼品。在他们的各种礼尚往来活动中，酒往往充当着非常重要的角色。如结婚时男家内亲要送猪肉、鱼、鸡、酒、镜屏等物前来祝贺婚事，这些礼物用扁担挑来，俗称"酒担"。酒一般用小酒坛装着，置于"酒担"两头，由男方的舅舅挑来。女方要远远地去接"酒担"，并放鞭炮。结婚之前，男方要向女方送一定数量的肉、鱼、三牲，酒自然更不可少，但有时直接送糯米，由女方自行酿酒。还有如孩子出生，父亲须备阉公鸡一只、酒一壶、鞭炮一挂前往岳父家报喜，俗称"报姜酒"，岳父家则反送鸡、蛋、酒等，俗称"送姜酒"。

朋友，你若有机会到顺昌畲乡做客，热情好客的山哈人一定会让你品尝醇香红酒，让你品味这里浓浓的酒文化。

（顺昌县）

苦槠豆腐和苦槠粉

　　浦城乡区，北乡的官路，西北山区的古楼乡等盛产苦槠。苦槠豆腐由苦槠仁粉和当地地瓜粉混合加工而成，厚实宽阔的称苦槠豆腐，扁薄细长的叫苦槠粉。豆腐和粉口感柔滑香韧，可炒食和煮食，如放入肉锅、鱼锅、泥鳅锅或黄鳝锅烫食，更有一种风味。

　　苦槠有清热解毒、消暑、消毒、健胃消食等药理作用，能促进血液循环、舒张血管、降低血压、润肤、止泻和降火等。常食用可增进食欲，起健脾利胃、润肤保健等作用。

　　关于苦槠豆腐，在古楼乡还有个神话故事。古楼原名叫廿里村，相传东海龙王敖广的小女儿，被视如掌上明珠。一日，女儿得知父王去天宫赴宴，竟偷驾龙宫的五彩云船私到人间。这五彩云船，是玉帝所赐，四海龙王之中，只有东海龙王才有，小龙女偷驾私游人间，触犯天条，罪不可赦。玉帝得知此事后动怒，将七枚天钉抛向五彩云船，那五彩云船瞬时化作一片肥沃的土地，船头化成长坡高岭，两头相距二十里，正是云船的长度，七枚天钉化着七个山墩立在沃土中间。山上长满参天的苦槠大树，树上结着满枝的苦槠果实，这果实虽能充饥，但入口又苦又涩，难以吞咽。从此，将小龙女罚在人间，来往于这七个山墩之间，饿了以苦槠为食，渴了以清泉为饮。小龙女虽贪玩触犯天规，但自幼心地善良，被贬居在这里后，时刻秉承父亲的教诲，守护一方，造福人间。

　　就这样年复一年，来这里居住的人越来越多，逐渐形成一个村落，人们根据这里形似大船，两头相距刚好二十里的特点取名为廿里村。廿里村的百姓为报答小龙女，纷纷把自己家中最好吃的东西，敬献给小龙女。因小龙女在受罚只能吃人间苦果，所以无论百姓送什么好吃的，小龙女都不

能接受。苦槠不好吃，百姓中至今还流传"苦槠苦，豆子补"的民谣。有个聪明人出了好主意，在苦槠中掺入炒熟的黄豆献给小龙女，这样吃起来，苦槠豆带点苦味但不会苦涩，又有豆香味。还有的人把苦槠磨成粉后，再加入少量的野蕨根粉，制成红亮透明的苦槠豆腐给小龙女吃，这种苦槠豆腐吃起来柔滑香韧，非常可口，大大改善了小龙女的生活。

玉帝得知后，也感动了，于是降旨封小龙女为廿里村的土地神，让她继续为民造福。廿里村的百姓知道后，纷纷自发在各个苦槠山上为小龙女建起了社庙，各家各户都把自家制作的苦槠面供奉在社庙中以供小龙女食用。延至今日潘处坞的苦槠山上还保留着社公庙。古楼百姓在念社公经时，都要供奉很多美食，其中必不可少的就是苦槠豆腐。

（浦城县）

浦 城 肉 燕

　　浦城肉燕是浦城宴客不能缺少的第一道菜，称为"头碗燕丸"。这"头碗燕丸"细致不腻，柔而脆嫩，味鲜适口，宛如燕窝，所以又称"假燕"。

　　浦城肉燕这道菜，先必须加工燕皮。燕皮的来历有一个故事：相传宋绍定六年（1233），浦城人真德秀从福州知府任上将要赴京任职，途经家乡浦城，设宴酬谢亲友。随行的厨师林阿荣是福州人，吩咐副手浦城富岭

东湖人徐小春，捣鱼为丸，徐小春听为捣肉丸，就剔精猪肉捣为肉酱和山粉作丸。肉酱为丸硬，不能吞食。林阿荣无奈，就压平肉酱，薄如面皮，切片汆熟后，色质晶莹皎亮，如已发的燕窝，加上葱及香油等佐料，食之与燕窝无异。厨师林阿荣回到福州后，用青粉多次试制不成，函询徐小春。徐小春为林阿荣寄去浦城山粉两袋后方制作成功。此后，浦城、福州两地相传仿制。现今福州、闽清出产的燕皮挂牌"浦城上白燕皮"或"清水肉燕皮"，省外出产的则称"福建燕皮"。

浦城燕皮料精工细：选刚宰猪后腿上富有弹性的精肉，剔去肥肉、筋、膜，放在木砧上用木锤捣成肉泥，撒上过筛的细白山粉合成硬坯，用细长圆木棍"燕棍"反复压碾成薄片，其薄如纸，然后折叠裁切。切成丝状称为"燕丝"，切成片状，每张如豆腐块大小，称为"燕皮"。

浦城燕皮经劳动人民创造，不专吃燕皮，发展到包馅心食用。馅以精肉为主料，先将精肉切碎，再配以荸荠、香菇、油渣、葱等切细，加少许食盐和为馅，用燕丝包馅成球状，名燕丸。用片状包馅如扁食，名燕扁食。放入滚汤内煮，浮出水面上捞出，放入加有鲜猪油、酱油、味精的清汤内，即可食用。

最为精致的是金钱燕。取片状燕皮铺开，薄撒馅，放上整支香葱，卷成圆条状蒸熟，起笼待凉后，切成3-4厘米长的块状，中间有金钱状的小孔，故名金钱燕。而后，取猪肉丝、香菇及调好味的汤汁一起煮熟，加盖面热油、胡椒粉、香葱等佐料，即可食用。昔日品尝者称："肉脆燕嫩汤又鲜，一尝三味举座欢。来日亲朋重相聚，定将此菜桌上添。"

（浦城县）

上屯茶灯舞

相传很久以前，鸾凤乡的上屯村到处是茶山，当地人以种茶为业。每到采茶时节，村里的姑娘们就头戴包巾，腰系绿裙，手挎茶篮，唱着采茶歌上山去采茶。

有一位采茶姑娘叫茶妹，她美丽多姿，聪明灵巧，采茶歌唱得特别好，人们都称她"茶山的百灵鸟"。她与同村一个小伙青梅竹马，两小无猜，恩爱非常。一天，邻村一位财主路过上屯的茶山，听到山上传来优美的茶歌，走上去看到正在边唱歌边采茶的茶妹，一下被她的美貌所倾倒。财主于是托人带着厚厚的聘礼到茶妹家，要娶茶妹为妾。没想到茶妹誓死不从，反而将聘礼都摔出门去。财主恼羞成怒，知道小伙是她的心上人，就心生毒计，勾结官府将那小伙送去边关服役，让他长期外出不归，来逼茶妹屈服。

茶妹知道财主毒计后，仍然不肯就范。面对财主天天逼婚，她以死抗争。财主无计可施，最后只好死了这条心。

茶妹佳期无望，日日站在茶山上以泪洗面，悲痛万分。她遥望远方，思念心上的人，期盼有一天小伙能回来。她把满腔情思化作茶歌："春季到来茶满山，茶妹日日思情郎……"一首首茶歌如诉

如泣，唱得让人听了心酸，一起采茶的姑娘都眼泪落了下来。于是大家齐声唱和，边采茶边唱，配合采茶的各种动作，歌声动听，姿势优美，最后形成了一种特有的采茶舞蹈。

小伙最终没有回来，茶妹把一腔的情思化在这采茶舞中。她带动着一班采茶姐妹无论是白天在山上，还是夜晚在家中，都会进行表演，并不断对这采茶舞进行改进。她们规范了服装装饰，将茶篮等道具改进样式；晚上不好演，又制成茶篮灯，还配以乐器伴奏；在曲调和舞姿上不断提高，加以念唱做打等表演程式，最后形成了当地一带独有的一种茶灯舞流传下来。

到今天，不管是在采茶季节的山上，或者是在乡村的大型集会上，都可看到当地采茶姑娘表演茶灯舞。

（光泽县）

追寻远去的榨油坊

我的故乡在闽北光泽县一个小村落，从我记事起，村里就有一座榨油坊。每到秋末冬初，山茶籽收成，溪边的榨油坊就喧闹起来。茶油的浓香，弥漫到村子上空，伴随徐徐溪风，香气飘溢到数百米远的村外。真可谓："出村四五里，还闻榨油香。"

榨油坊最重要的设备就是木榨油机这庞然大物。木榨油机，是用原木加工而成的，且非要用"特种"大树原木不可。所谓"特种"，就是木材一定要长得高大而直，树龄要有百年以上，这样木质才够坚硬，才适合加工成榨油机。但并不是所有的"特种"大树都可以加工成榨油机，最合适的其实只有相思树和土名叫铁油树两种树，而且木头还要长近5米，中径1米多，尾径近2米，重量达1吨多以上的才能被选上。这样的木材可以说是优中选优。

榨油坊建好后，接着就是木工师傅的活了，要经过差不多一个月的精雕细琢后，木榨油机才宣告完工。家乡采用的是打楔式榨油机，先是把原木中心掏空，形成30厘米左右的空圆。打楔式榨油机要木工师傅费尽周折，一寸一寸地掏出中心空圆后，外表仍保持原木样，榨油机配备有5个大木锤，其中一个最重的为45公斤，3个为20公斤左右，一个最小的也有5公斤以上，作为供师傅使用的"指挥锤"。另配有两个重达40公斤左右的"木牛"（在机中心卧放的大木桩），还有十几根坚硬如铁的木楔。另外，油坊还要有土磨、脚踏破碎舂、大笼、大铁锅等。

榨油开始了，师傅这时会亲自操作，花几个小时把几百斤的山茶籽碾成粉末，全部装进几十个用竹编成的圆框后，徒弟们便把这些山茶饼装进了榨油机内。接下来，在师博的指挥下，徒弟们就要挥汗如雨地打锤，师傅持小锤打哪根楔，徒弟们就要跟着打哪根楔。经一个多小时的艰苦奋战，第一趟油（称为头榨油）基本榨出。据说，因为头榨油是靠蒸山茶籽碎粒提高温度而榨出的，所以头榨油水气比较重，成色也混浊，卖相不好，也容易积油根，但是用来炒青菜却是香得很。

下午，徒弟们又要把从榨油机中退出的山茶籽饼再舂碎，然后放入大铁锅中猛炒。炒的温度与干湿程度都非常讲究：不能有水汽，有水汽则油不纯正，但太干了又影响出油率，而且油的味道会大打折扣。然后，师傅再把炒过的粉末放入竹编的圆框中。这是榨油中最讲技术的活，也是只有师傅一人能做的活，徒弟们在旁观看。山茶饼入榨后，那位身强力壮的大徒弟就要更辛苦了，他要扛起那个重达45公斤的大木锤不停地打，一声声号子，一次次加木尖；又一次次加木尖，一声声号子……如此这般几次反复，榨油的汉子们脚步更紧了，步履也变得沉重而迟缓，喊出的号子也越来越短促。当撞锤的汉子们脱去身上最后一件衣服时，豆大的汗珠从他们的脊背上纷纷滚落下来，醇香的茶油就从油榨下绵延不绝流下油槽，直至榨油机内再无一滴油流出。这时，整个榨油工序才宣告结束。

离开故乡多年的我，时常总是牵萦着榨油坊。然而，时过境迁，斗转星移，当年的一切已经渐行渐远。许多人在享受现代化生活的同时，也在深深地怀念那些渐渐远去的民间技艺。这是因为，这些流传了上千年的民族技艺，在那些落后的年代里，曾苦苦地支撑着人们的生活。今天的文明与进步，是与当年的民族传统技艺分不开的。但愿人们能永远记着这些古老的民间技艺，当然，也包括这榨油坊。

（光泽县）

竹篾缆绳的制作

大笾，是用竹篾片绞制成的大型竹缆索。大笾是用作装木排、泊排、排坞、排栏的牵引和固定的缆索，也是用作临时拦河坝、浮桥的固定缆索。大　具有抗拉强度大、耐磨损、轻便和价格低等优点。

据绞笾老师傅们说，他们绞笾的几十年间从未见过因大笾断裂造成决坝事故。他们经历过的二次决坝事故皆不是大笾断裂造成的。一次是因以小口径笾顶大口径笾使用，在洪水排坞内漂木大量积聚，小口径笾承受不起巨大的压力而至笾断决坝。另一次是作固定大笾的桩是一棵大樟树，在洪水期，樟树被连根拔起，但大笾未断裂，造成决坝。由此可见大笾确实十分牢固。

近年因汽车运输的发展和沿江水电站大坝建立，水运捎排已基本退出运输市场，大笾也因此而销声匿迹，人们对大笾也渐渐淡忘。于是，在许多讲述与大笾有关的历史事件时，常出现谬误。

为使后人对大笾及大笾的制作工艺有所认识，避免在讲述时造成误解，笔者特访问马樟生、何谋瑚、陈海水等绞笾老师傅，将大笾制作工艺详述如下：

1.原料：早先选用韧度大的小口径杂竹。如：石竹、绵竹、节竹、红壳竹等。小径竹竹肉薄，每节竹只取外层两皮。后来大笾用量大，小径竹资源不足，改用马竹，马竹韧性差些，但竹肉厚，每节可取四片笾。竹皮层为笾青，二层称笾黄，三、四两片为笾芯。

2.破笾：取竹身4米长，破成宽2.8分的坯，再取外层四皮，每皮厚约1毫米。

3.腌笾：破好的笾片要晒干，再入水池中用石灰水腌制3日，其作用一是防腐，二是软化竹纤维。3日后将篾捞出晾半干。

4.绞篾：将腌好篾按规定片数（篾青、篾黄作皮，其他二重作心）上单孔绞架绞成单股。绞股用摇手一人，师傅一人，下手递篾二人，运送篾片一人。三股绞合时，要两端一起绞。先将三股的一端绕好上单孔绞架，三股套上洋桃，另一端上三孔绞架，每孔挂每一股，师傅掌洋桃，口径大的篾，掌桃师傅还得加助手三四人，单孔摇手也要三五人。两端绞架同时反向摇动，使篾绞合十分牢固。

成品大的要肋圈存放在通风的竹篷中晾干。若遇梅雨季，大篾要浸入清水池中以防霉烂，待晴天再晾干。

（建瓯市）

九龙大白茶

　　九龙大白茶是松溪县自行选育并通过审定的省级优良茶树品种。九龙大白茶母树在1965年被松溪县茶叶技术人员发现，据当时的老茶农回忆，该母树是其祖父于1868年（同治七年）栽培，因其栽培在双源村九龙岗，民间称为"九龙茶"，树龄至今已有150余年历史。1981年县茶科所对它进行优良单株选育，因其叶片硕大、毫心肥壮、茸毛洁白，遂被命名为"九龙大白茶"，1998年被审定为省级优良茶树品种。2009年九龙大白茶列入省级优异种质源保护目录（闽HW008），并在松溪县郑墩镇双源九龙岗设立九龙大白茶省级优异种质源保护区。

　　九龙大白茶产量高、品质高、效益高，具有"三特"特点，即发芽特早，芽头特长，毫色特白。还有"三耐"习性，即耐旱，耐寒，耐肥。该品种适制高档的白毫银针、白牡丹、金针、香芽等系列白茶、绿茶，特显银白毫，底色翠绿，滋味鲜醇，有花香，被业界称为"白茶中的王子"。经农业农村部茶叶质量监督检验测试中心检测，精品九龙银针水浸出物48.3%，茶多酚18.4%，而茶素总量12.39%，游离氨基酸5.9%，咖啡碱4.0%。顶级的"九龙大白"银针散发出"毫韵花香"的口感，慢呷回味，令人难忘。自20世纪90年代开始，由县茶叶总站、茶科所、茶企等选送的九龙翠芽、九龙香芽、九龙雪芽、湛龙茗韵、金毛猴、金针、白牡丹、白毫银针等绿茶、红茶、白茶茶叶产品，在参加福建省名优茶评比、中茶杯等茶叶赛事中，多次荣获"省名茶"和"金奖"的荣誉。2019年，松溪县被福建省海峡两岸茶业交流协会授予"九龙大白茶之乡"称号。

近年来，县委、县政府高度重视九龙大白茶产业的发展，围绕加强种质资源保护和"三品一标"基地培育，加大龙头企业扶持力度，加快品牌兴业的步伐等方面，出台了一系列扶持发展的优惠政策，设立促进茶产业发展专项基金1000万元，重点对茶叶安全、品牌创建、培育龙头企业等方面给予奖励扶持。聘请省里专家组建乡村振兴茶产业发展专家顾问团，先后改种、扩种九龙大白茶3000余亩，培育了一批九龙大白茶骨干企业。连续两届茶王赛增设九龙大白茶专项斗茶，在福州、北京等地设立九龙大白茶推广中心，并在全国重要销区和茶叶交易市场举办了多场九龙大白茶专场推介活动。

（松溪县）

松溪百年蔗

据甘蔗专家和技术人员考证，松溪这片甘蔗是清代雍正四年（1726）种下的，至今它的宿根年龄已有295年了。这片百年甘蔗在万前村农民的精心管理下，长得茎叶繁茂，年年高产，折合亩产可达两千至三千公斤，它是我县农民创造出来的旷世珍宝，是对世界农业的一大贡献。

百年蔗的消息最先在1956年8月8日《福建日报》披露，引起福建省农业厅的专家们的重视。1959年5月我国著名甘蔗专家、福建省农学院副院长周可涌教授特地前往考察。他十分细致地察看当时三亩地的百年蔗后，高兴地说："这真是一个罕见的奇迹！"因为世界的甘蔗宿根寿命都较短，一般只有三至六年，最长也只不过二十多年，而万前村的蔗农经过祖祖辈辈辛勤的劳动，培植了两百多年的宿根蔗，这确实是甘蔗史上的一个奇迹！

1959年11月，福建农学院、福建甘蔗试验站又派出了四位专家和科技人员，同松溪农业局、松溪县农科所的科技人员联合组成考察组到万前、新铺等村进行全面的现场考察，考察中除召开七八十岁以上老农座谈会，询问本村和临近村庄的许多群众，查对有关历史资料、族谱之外，并在田间从甘蔗地上部一直观察到地下部，又取样做了土壤及养分分析之后，发表了《百年蔗》学术论文（刊于《福建农学院学报》1959年9-10期）。随之全国十多种报刊，如《人民日报》《光明日报》《中国青年报》等，纷纷予以报道，并刊登了百年蔗的照片，新华社和中国新闻还把百年蔗的消息发往国外，"百年蔗"引起国内外许多科技人员和甘蔗专家的普遍关注和浓厚兴趣。

周可涌教授1959年第一次考察"百年蔗"后，时过21年，又在1980年4月20日，再次兴致勃勃地带领一批讲师、助教、研究生，来到蔗地做一次更为深入的考察，并在《甘蔗糖业》和《福建甘蔗》上发表了《再访百年蔗》的论文，认为百年蔗适应性广，抗逆性强，是中国甘蔗古老品种，由于当地蔗农科学的栽培技术，才得以保留至今！

如今，这处百年蔗田虽然距今长达295年，依然郁郁葱葱，成为全球甘蔗宿根寿命之最，其基因密码至今未被破译，2016年被国家农业部命名为中国农业文化遗产，具有非常重要的科研价值和推广应用价值。

中国科学院上海药物研究所研究员、博士生导师罗成，正在义务帮助松溪县做有关百年蔗营养及药用方面上的研究。在研究的过程中发现，它提炼出的红糖相对于一般的甘蔗提炼出来的成分不一样，有几十种甚至上百种，这些糖分对一些疾病的模型有潜在的应用价值。希望通过生物合成、化学合成，后期进行药物开发，而不仅仅是做成红糖。

百年蔗虽然扩种，但它母田现在就0.7亩，从严格意义上来讲它已经是濒危的植物了，从国家战略资源的角度也需要去保护、去开发。为了保护这片世界罕有的百年蔗，松溪县人民政府于1992年6月在万前百年蔗地立了石碑，设立碑记。

百年蔗是我国竹蔗的一种，每年"清明"后发芽，"小雪"前砍收，一般年景亩产7000至8000斤，蔗茎直接吃比较硬，但很甜，100斤甘蔗可做6.7斤红糖，制成红糖呈黄白色，糖块松脆可口，味道清甜。百年蔗有像竹鞭一样的地下走茎，长达六七厘米。越冬芽长在地下走茎上，这与百年蔗能长寿有一定关系。当然，百年蔗所生长的地方，是村前溪谷冲积台地，土壤是表层松软、底层稍坚实的沙壤土，土层深厚，而且靠近河边，有充足的地下水源，这也是百年蔗长寿的原因之一。但能使它长命百岁并延年益寿的最主要原因还是当地蔗农积累和创造出来的符合百年蔗生理要求和特性的科学的宿根蔗栽培技术。例如，在冬冷前砍收，采用快锄低法，砍收后利用蔗叶蔗梢复盖，保护地下芽过冬；春暖时烧残叶，进行早开畦，深开畦，彻底破畦，松兜；深施肥，促使根往下长；套种绿化，做到用养地相结合等等，专家们称赞这是高超的栽培技术。

万前村在县工商局注册成立"万通百年蔗蔬菜专业合作社"，合作社基地现有甘蔗面积310亩，其中由合作社永久性流转并管理的有100亩，分散在农民手中管理的有210亩，其中3年以上的有120亩，6年以上的有180亩，10年以上的有8亩，30年以上的有2亩，290年的有7分地（属合作社所有），合作社年产精品红糖约30000斤，产值约300万元。

（松溪县）

名茶"白毫银针"

在我国出口的名茶中，有一种特别珍贵的品种白毫银针。它产在政和山区，洁白如银，形似花针，泡入杯中，玲珑剔透。喝上一口沁人心脾，且有明目降火的功效。

政和至今还流传着关于银针茶的传说：很久以前，政和是荒凉偏僻的所在，山里人靠一身力气，苦耕苦织，倒也能够将就过活。可有一年老天爷变了脸，秋天刮起了火烧风。田干了，河枯了。再加上瘟疫，乡村荒凉寂静。人们都期盼着哪一天有"福星"降临，替苦难的人们禳灾解难。

这时，人们纷纷传说，在东方的迷魂山上有一口龙井，龙井旁长着几株仙草，只要采得仙草，出汁，能治百病，且将草汁滴进田里田水满，滴到溪里溪水流。要救人除非采得仙草来。

那时候政和铁山有一户人家，兄妹三人，父母早亡，他们靠耕山打猎为生。大哥志刚是个烈性汉子，一斧头能砍断碗口粗的榛子树。二哥志诚虽然文文静静，却射得一手好箭。三妹志玉，既学到了大哥的刀剑武艺，又学到了二哥的射御本领，是个出众的姑娘。

这一天，志刚拿出那把祖传的鸳鸯宝剑，对弟弟妹妹说："为救乡亲们，我要找到迷魂山仙草。你们每天拔出鞘来看两次如果发现它生了锈，那是我不在人世了，你们就接着去找仙草。"说完，他就操起一把斧头，直奔迷魂山去了。

志刚来到迷魂山下，一位白发银须的老爷爷拦住了他问："小伙子，你可是要去山上采仙草？"

"是的，乡亲们活不下去了。"

老爷爷指着山顶说："小伙子，仙草就长在上面，可你记住，上山只

能向前，不可回头，一回头，你就采不到仙草了。"

志刚点点头，一转身老人不见了。

志刚到了半山腰，满山是乱石，阴森恐怖，身后传来奇怪的声音。当他快走出乱石岗的时候，身后传来炸雷般的声音："大胆，还敢往上闯！"志刚回转身一看，便立刻变成一块大石头。志诚兄妹发现鸳鸯宝剑生了锈，知道大哥是不在人世了，便决心去接替大哥寻找仙草。

志诚拿出一支铁箭交代妹妹志玉说："我去找仙草，你如果发现这箭生了锈，寻找仙草的事就得由你接替着去做了。"

志诚走到了迷魂山下。和他哥哥一样，遇到了老人，和他哥哥一样的遭遇。于是志玉持剑，拜别众乡亲，直奔迷魂山而去。在山脚下遇到老爷爷，老爷爷一样交代听到声音不能回头。

"还有，"老人又嘱咐道，"那龙井中有条小黑龙守着仙草，你先要用箭射瞎黑龙的两只眼，再去采下仙草的叶芽，后用龙井的水去浇仙草，仙草马上就会开花结籽。你把种子带回种下，不久就会发芽。用它的叶芽来泡汤，喝了能治百病；把它的汁滴到田里田水满，滴到溪里溪水流。"

老人又嘱咐说："记住，下山时别忘了用草汁在乱石岗的每块大石头上滴上一滴。"说着，拿起一块烤糍粑："把这个带上。"

姑娘接过糍粑上了乱石岗。这时，身后又传来阵阵凄楚的啼哭声，她没有回头。后来她突然听到大哥在叫她，又听到二哥在叫她，她坚持不回头。这时，她从怀中掏出糍粑，撕下搓成两个团，塞进耳朵里，什么声音都听不进了。

姑娘一爬上山顶，果见一小黑龙张牙舞爪地向她扑来。她左右开弓，连发两箭，黑龙被射瞎的双眼，顿时化作一团黑气向西天飘去了。

姑娘迅速采下仙草的叶芽，然后舀起龙井水浇到仙草上，那仙草果然在顷刻间开花、结籽。姑娘采下种籽装好，便下山了。在乱石岗上，她又按照白发爷爷的交代，抓出一把仙草揉出草汁，并在每块大石头上滴上一滴。也真怪，草汁一滴到石头上，石头马上就变成了人，其中有两个就是她的大哥和二哥，原来他们都是上山采仙草被迷了魂而遇难的勇敢小伙子。

他们回到村里，把仙草种撒在山坡上，满山遍野都长满了仙草。于是大家立刻带露摘下，熬汤给病人喝，果然一喝病除；拿去揉汁往田里滴，果然一滴田水满。人得救了，仙草也越来越多了。

山里人想，山外的穷苦人也难免会遇上个三灾四难，于是每年都把那仙草芽采来晾，分送给四乡八邻的穷兄弟。因为这晾干的草芽，满身带着白茸茸的毫毛，一根根像银针一样，人们都称它为"银针"。据说这就是今天"白银针"名茶的来历。

人们感激志玉姑娘历尽艰辛为大家采来银针仙草，称她"银针姑娘"，并说："我们的'银针姑娘'就是替大家禳灾解难的福星。"

（政和县）

岭腰乡仙岩茶

最早的政和工夫红茶是用仙岩茶制作的。此茶生长在山崖多岩石处，"仙人指茶"的故事流传至今。南宋前，当地百姓不识山上生长的野茶。遂应场银矿开采后，四方客商云集。相传，正当他们干得热火朝天之时，遂应场银矿的工地上来了一位六七十岁的老头儿，他衣衫褴褛，头发长过耳根，脸上的污土足有一个铜钱厚。只见他一只手拿着打狗棍，一只手拿着一块粗碗。他不向人家要米，也不向人家要银两，而是一边走一边吆喝：谁家有茶喝啊！谁家有茶喝啊……遂应村的人和银矿工人看他那肮脏劲儿，都以为他是疯子，不是懒得搭理他，就是回答他两个字："没有！"老头子听到这不客气的回答，也毫不在意，仍旧在银矿场上转悠了3天，并不停地吆喝了3天，还是没人搭理他。

这位老头见没人肯搭理他，就摇着头往东走到村头的一棵大柳杉下，坐下不走了。他夜里就睡在树底下，每天鸡叫头遍就起身，抡起手中的铁锤，叮叮当当地凿村后那块见不到土壤的岩石。一天，当夜幕降临之时，天空突然下起了瓢泼大雨，他双手抱头蹲在树底下避雨。正好，在村西头和儿子相依为命的王大娘干完农活打这棵树旁路过，见那老头饥饥缩缩的样子，非常可怜，便心疼地让他到自个儿家里住下，又捧出一杯白开水施舍给他喝。老者见王大娘拿来的是一杯白开水，不仅故意不伸手去接，反而恶声恶气地说："遂应场的人实在是太小气了，连一碗茶都舍不得给我喝。"这位经常积善德的王大娘非但不生气，还返身进屋，拿来水壶，掀起壶盖说："兄弟，您看，我们也是这么喝的呀，我们这里没有茶哩！"

老者听了王大娘的话方才相信。但他依旧不说话，还在王大娘用茅草盖的房子住下。王大娘每天拿热菜热饭招待他，从来没有半点怨言。老者

觉得自己有厝住，还管饭吃，就再也不去讨茶喝。他在王大娘家住了整整一年，也对着村后那块见不到土壤的岩石叮叮当当不停地凿了一年。一天早晨，他对王大娘说："今天我要走了，这一年里，我吃你的饭，住你的厝，我看你是好心人，你的恩情我一辈子也忘不了。我也没有什么报答的，就把这几棵茶树苗送给你，你把它们种在我凿了一年的岩石中吧！"王大娘瞅了瞅老者手上的那几棵茶树苗，又看了看村后那块见不到土壤的岩石，对老头说："俺们吃的是粗菜淡饭，住的是茅草房。你也别说报答不报答的，为这块能种茶树的石头，你整整劳累了一年，我领情了。"老头说："你不要小瞧这几棵茶树苗，它不仅保你天天有茶喝，还可以制茶卖茶发大财呢！"说完，他还小声在王大娘的耳边授予种茶制茶的方法。一切交代完毕，老者用打狗棍向天空一指，背起工具箱，腾云驾雾往南而去了。王大娘见此情景，知道自己遇到了神仙，随即跪地向老者远去的方向连连叩拜。

王大娘将茶树苗种在了村后那块见不到土壤的岩石里。说也奇怪，这几棵茶树苗随即就在岩石里生根发芽。从此以后，王大娘带领一家人每天都给茶树苗浇水施肥，茶树苗在他们的精心料理下，长得枝繁叶茂。一家人靠这几棵茶树开始过上了幸福的生活。他们富裕了，也没有忘记村里人，带领遂应场的村民家家户户种茶树，制作茶叶，发家致富。

王大娘为了答谢仙人，给和自己相依为命的儿子改名叫叶岩茶。那叶岩茶天天上山锄地割草，种茶制茶，日子富裕了，但还没有娶到意中人。他爱唱山歌，每当锄完茶山，就唱起来：

　　岩茶千棵伴山岗，浪花万朵伴龙王。

　　天上星辰伴月亮，地上谁伴种茶郎？

歌声透过彩云，飘呀飘呀，一直飘到天上，被当年那位神仙的女儿听见了。仙子拨开云雾，往地上一看，见叶岩茶勤劳朴实，体格健壮，身边没个女人，又爱慕，又同情，便驾起祥云，迎着清风，来到人间。她站在遂应场后山上的一块石头上，吹一口仙气，化几缕轻烟，忽然变成一个青衣翠袖的姑娘，望着叶岩茶，唱起歌来：

> 翠茶自有绿衣袋，茅屋也有燕伴梁。
>
> 不爱金银和车马，只求做对好凤凰。

真挚诚恳的歌声，像一碗甜美的清泉，直沁叶岩茶的心脾。叶岩茶忘记了疲劳，忘记了忧愁，寻声细看，见遂应村后山上的一块石头上站着一个青衣姑娘，羞红的脸儿露出一对小小的酒窝，含情脉脉，正对着他微笑。忽然，一阵清风白雾，又飘来7个仙女，她们唱道：

> 风吹茶叶摇茶杆，天上仙女凤求凰。
>
> 茶树低头承露水，仙子低头等情郎。

叶岩茶听了，又惊又喜，脸上羞得通红。仙女们看他很害羞，又唱起来：

> 种树要种岩茶秧，嫁夫要嫁老实郎。
>
> 茶子是棵带青树，老实阿哥最情长。
>
> 好酒就爱好坛装，好妹就爱嫁好郎。
>
> 好妹好郎成双对，花红叶绿更芳香。

仙女们唱完歌，化一阵清风去了。叶岩茶觉得奇怪，追上前一看，只见那位仙女正在挥动锄头，锄地种茶，她手勤脚快，锄呀，种呀，转眼之间，就种下了半山苗子。啊，满山满岭都长起青茶了！叶岩茶高兴极了，他走上前去，与仙女手挽手，双双回到小屋里。他们结了婚，相亲相爱，以种茶为生。日子过了一天又一天，茶树种下一山又一山。如今，锦屏境内的那座山被叫作"仙岩山"，仙岩山茶树上采摘来的茶叶制作成的工夫红茶，红汤红叶，又香又甜，当地人叫作"仙岩茶"。

（政和县）

苏 地 杨 梅

　　东平苏地的杨梅又红又大，远近出名。可在早先，那里的杨梅据说却是白色的。

　　相传很久很久以前，苏地村有户人家，两夫妻只有个独生女儿。姑娘不仅人样儿水水灵灵，而且心灵手巧，能绣得出上百种花样儿。她绣出的花活鲜鲜的，就像真的一样，摆在窗台上就能引来一群群蜜蜂和蝴蝶。如此才貌双全的姑娘，自然就引得媒人像走马灯般的上门来提亲。可是，踏矮了门槛，磨破了嘴皮，也没有打动姑娘的心。为什么这姑娘不肯嫁人呢？只因她有一件未了的心事。原来这姑娘虽然能绣出上百种新鲜的花样儿，却绣不出自己家乡的杨梅花。有人对她讲："杨梅不会开花，你就别想绣出杨梅花了。"可她就是不信，说："世上没有不开花的果，什么时候我绣出杨梅花，什么时候我再出嫁！"

　　从那以后，这姑娘日也想夜也想，却怎么也想不出杨梅开花是什么样子来。就这样她白天吃不下饭，晚上睡不着觉。

　　有一天夜里，她躺在床上朦朦胧胧地看见，有一位白发银须的老公公走到她的面前对她说："姑娘呀，你要想见到杨梅花，那只有在大年三十夜，守在杨梅树下，等到子时那一刻杨梅才开花呢！"姑娘一听，高兴得睁开眼一骨碌爬起来，想拉住老人问个清楚，可哪里有老公公，刚才分明是一场梦。不过姑娘还是把老公公的话记住了。

　　到了这年大年三十晚上，姑娘早早拿了一把小椅子，坐在一棵大杨梅树下，仰头等着杨梅开花。她等呀等呀，等了很晚很晚，就慢慢地睡着了。忽然，姑娘头顶上传来"轰"的一声响，把她给惊醒了。她抬头一看，在这伸手不见五指的夜里，杨梅树上开满了无数雪白的花儿，把杨梅树照得雪亮。她高兴地伸手就去摘，可不料她的手刚碰到杨梅花，整树的杨梅花一下子都谢了，谢得连一点影子也没有，周围依旧是暗得伸手不见五指。姑娘伤心极了，心想连杨梅花的样子还没有看清楚呢，可怎么绣呀！她越想越气，终于伤心地大哭起来，连连用头在杨梅树上直撞。就这样她哭呀哭呀，靠在杨梅树上不肯离开。她想或许杨梅会再开花一次，好让她能看清那花的样子，了却她的心愿。可她等呀等呀，就是再也见不到杨梅开花了。她失望了，抱住杨梅树又哭又撞……

大年初一的早上，人们发现她靠在杨梅树上，头已经碰破了，头上的血藏到树干上、椅子上，安详地离开这个世界了。

这年夏天，苏地村的杨梅又结满了果子，可奇怪的是这杨梅果又大又红，红得发紫，不像以前的杨梅果又白又酸，而且从此以后年年如此。大家都说这杨梅果是姑娘用血泪染红的。然而时至今日，仍然没有人看见杨梅开过花呢！

（政和县）

老 鼠 腊

记忆中的童年，充满四壁如洗的清贫和苦涩，但不妨碍我们爬树偷摘桑叶养蚕，趴地偷西瓜，也不妨碍我们在种满紫云英的地里打滚，被东家抓住扣了小书包等大人去取，也不妨碍抱一个木桶当救生圈，在浅水里嬉闹，傍晚拖一身黄泥巴回家换大人的一顿"笋子炒肉"。不管当时心情如何，如今想起却是忍俊不禁。最难忘的是小伙伴们去熏老鼠的行动，惊险刺激，也是我们第一次吃到了传说中的老鼠肉，至今唇齿余香。

每当金秋之后，冬季到来之前，正是粮丰而鼠肥之时，也是农闲季节，当地群众便开始大量捕捉田鼠、山鼠，加工成老鼠腊。既保粮，又食鼠，还可增加经济收入，一举三得。

秋收后的一天，田净场清，是熏老鼠的好时机。我们先抱来稻秆点燃，把田坎的干枯野草烧光，鼠洞就暴露无遗了。看到空洞洞的洞口，我们就开始兴奋，揣想老鼠大约在里面战栗了，因为外面孩儿尖叫，家狗欢吠。我们摸索出了判断有无老鼠的良法，就是跟看鳝鱼洞一样，看是不是洞口湿润、光滑，是的话，就再看附近有否老鼠屎，有的话，就放心熏，一熏准着。熏前还有项重要工作要做，就是细心察看到底有几个出洞。老鼠性狡，比狡兔有过之而无不及。把几个出洞口堵了，就可以在进洞口点火了。柴草，早有凑热闹的跟屁小儿准备就绪。有好事的小儿为了效果更好，从家里取来了干朝天红辣椒，掺在柴草里烧，风助火势，呜呜咽咽。

为了让辣烟尽量地灌进去，早有小儿执着轻扇狠扇，像太上老君下界的炼丹童子。有时风儿突然变向，掺了辣子的浓烟把熏鼠小儿们反熏得鸟兽散。这时，老鼠往往会趁乱逃之夭夭。把老鼠熏出洞，群小和助阵的大小家狗群起而攻之，场面最为壮观。可怜的老鼠早被熏得七荤八素，分不清东西南北中了。恶狗顽童狠猛如狼，片刻间它们不是命丧棍底，就是命丧狗嘴。有时家狗无辜，被少年棒打得遍地找牙，呜咽悲鸣，夹着尾巴远遁了。有次熏老鼠我们居然还熏出了一只黄皮子，就是最爱和农人抢鸡吃的黄鼠狼，算是最大的战果，很值得一夸。

而家乡的中青年捕鼠方法更简便，多数使用"竹筒捕鼠器"。每当傍晚，人们拿着捕鼠器，以稻谷或大米作诱饵，在田坎、山边寻找鼠路，凡遇鼠路要道或老鼠洞口，便放上捕鼠器，待翌日清早去收回。捕获率一般在3/10左右，如遇下霜天气，捕获率高达5/10以上。

回到家，人们把捕获的老鼠或架于锅内热水蒸，或放入炽热的柴灰里焙，只要火候掌握得当，便可把鼠毛拔得一干二净。然后是剥皮，剔除头、尾、肢端，剖腹去其肠肚，留下心肝，用水洗干净。最后再用谷壳或米糠熏烤。熏烤后的鼠肉干色泽红亮，泛着诱人的油光，无异味且香气馥郁，令人垂涎。由于当地群众普遍爱吃老鼠腊，因此历来就有"老鼠腊猪肉价"之说。冬季来到，人们几乎都把吃老鼠腊作为一种享受。烹饪方法多数是配以冬笋丝、萝卜丝、辣椒干、大蒜丝一同热炒，冲下红酒，放入些许味精等调料，香中有辣，辣中带甜，香气扑鼻，味道之美，比任何肉类更甚。尤其是爱喝酒的人，更把它视为下酒的美味佳肴，细细品之，美不胜收，是不可多得的美味佳品。

老鼠腊，自古以来就是政和农家的一道地道美食，始于何时、何人，未发现文字记载，无法定论。在过去缺吃少穿的艰苦年代，更是一道下酒的好菜。而今，已成为当地一种珍奇。秋冬时节，你若到东平赶集，有运气兴许会遇到上好的老鼠腊。老鼠腊确实好吃，只是味道很难形容，如果类比一下，我看比火腿肉或牛肉干更有嚼头。不但美味可口，而且蛋白质高，营养丰富。尤有补肾之功，对尿频或小孩尿床症具有显著疗效，故有一定的药用价值。

（政和县）

第二部分
乡建乡舍

福寿绵长延福桥

　　延福桥为石拱木廊桥，坐落在茫荡镇谢地村东侧（原谢地村小学）约200米、北纬26° 41'02.2"、东经118° 03'48.5"、海拔772米的地方，为单孔石拱廊桥。据传始建于唐朝，根据拱桥石刻记载，明万历七年（1579）和清光绪三十一年（1905）均有重建。横跨于由东向西流向的

下溪上。桥南北走向，北侧为下堆山，南侧为前山和农田。桥长30米，宽6米，占地面积36平方米。桥面上木结构的廊屋，歇山顶，面阔11间，进深4柱，用柱36根，廊屋正中迎水位设神龛，脊檩下有墨书："大清光绪三十一XXX时重建。"两侧设木栏杆和木条凳，檐下两侧有木档板。桥孔为方形条石砌造，桥身为毛石垒砌，桥面铺设青砖。在桥孔东侧石条上刻写楷书"明万历七年（1572）延福桥"牌。此地乃谢地经半山村往宝珠山之古道。因该桥建成伊始，半山村民36岁的吴延福牵着孙子，为过桥第一人。乡民说其命最好，福气很重，为吉祥计，便用其名为桥名。在石拱桥一侧有石刻"延福桥"牌。延福桥系南平最早的石拱桥之一，1982年被南平市公布为第二批市（县级）级文物保护单位。

桥下一孔雀石，栩栩如生，鸟头向上呈欲飞之势。桥的两端原有两棵柳杉，其中一棵"文革"建电站时砍去做独木槽，现仅存一棵。当时，这两棵柳杉恰似两根蜡烛，村民称之为"双蜡延桥"。桥的四面均为风水宝地，前面是"朝衣挂壁"，后山乃"珍珠凉伞"，左边为"五马落槽"，右边是"鲤鱼上水"，桥下水尾两山为昼开夜合的大石门。据说明朝时，该村曾出过一位宰相，豪宅内房九十九间，三个鱼塘七个井，一　田九头牛耕一天。传说他家"牛托钥匙，马托账本"，后因风水被峡阳地理先生罗天雄所破而家道中落。

桥廊内有对联，称道此处好风光：

平岸柳如烟，远山云似雪。

雕梁带朝回，画栋连云合。

一溪清水引风凉，万壑深泉昭日影。

（延平区）

感念真武种善桥

真武本来是个杀猪佬，多年来杀猪无数，觉得杀生太多，罪孽深重，心想放下屠刀，立地成佛。一天清晨，他碰到一位盖头高地村叫八哥的老人，说："听说你想去做菩萨，能带我去吗？""你整天杀生，还能做菩萨？我终年吃斋念经，恐怕还做不成呢。""那我以后放下屠刀，不杀猪，跟你去好了。"

真武把杀猪刀往溪塘一扔，跟着八哥就走。行了好几里路，他忽然想起："我把刀扔到溪塘里，要是有人到溪塘去，把脚割破怎么办呢？"可八哥却说："你这人真麻烦，那么大的溪塘要捞一把刀谈何容易？"他说："不行，不行，我得赶回去，把刀捞起来埋掉。"他飞快地往回跑，跑到水塘里，摸了几天几夜，才把刀捞起来，就近挖一个坑埋掉，方才放心地赶路。一路上他历经磨难，行善积德。以小竹竿为剑，将自己的肚肠化为龟、蛇二将，战胜了许多妖魔鬼怪，为民除害。一天，他路过一座房屋，听见一位刚生孩子的农妇，因血裤没人洗而哭泣，他不忍心，用小竹竿挑起血裤，到溪塘里去洗。突然，水中血裤变成了一面真武旗。此时，观音菩萨现身说："你心地善良，已修成正果。"菩萨佛扫一挥，真武就手拿宝剑，脚踩蛇、龟得道上天。而八哥心地不够善良，被菩萨点化成一只野鸽子，"咕咕""咕咕"地叫，也就是叫修成正果的"祖师""祖师"。

乡人感念真武保境护民行善积德的恩典，在他捞刀的水塘上捐资建起一座廊桥，北纬26°44'19.1"，东经118°05'09.5"，海拔607米，单孔木平梁式廊桥。东北面为月山，西南面为鱼山，横跨于由东南向西北流向的高地小溪上，桥面有廊屋，面阔8间，进深4柱，用柱32根，廊屋正中迎水位设神龛，塑真武祖师金身，常年供奉，香火不断，取名"种善桥"。该桥重建于光绪年间，单孔长18米、宽5米，桥中段架设楼亭，重檐歇山顶，廊角脊檐角飞翘，十分雅致美观，翘廊的梁坊、斗拱等处绘制着五彩缤纷的彩画，有"八仙过海""武松打虎""西天取经"等中国古典故事及山水画多幅，廊屋内的横梁上还有五副对联。该桥整体保存完整，为研究闽北桥梁史提供了珍贵的实物资料。

（延平区）

建阳古村浑头林

　　莒口镇东山村浑头林自然村是一方遗落在大山深处，位于闽北两座文化名山云谷山和西山之间的小村。此地环境优美，是有着深厚文化气息的古村落，集天地人和之大美。

　　浑头林有一眼古井，从井圈麻花石上先民提水留下来的一道道深深的刻痕，就能很清楚看出它的历史。而那高高的井圈上"泉美液清"四个楷书体大字，虽然经历了四百多年的风风雨雨，仍然清晰可辨，书与刻都那么隽永，这四个字无论从左到右读，还是从右往左读，意义都差不多，很有趣，很吸引游客。井底有两股涌泉，源源不断，泉水清澈甘醇，诗云：云谷清泉一派长，味甘却似饮天浆。

　　这眼甘泉养育了浑头林一代又一代人，每年古历腊月廿七八，村里的长辈都要组织村民清洗水井。先是村里的青壮年都出动，轮流上阵，用平时挑水的木桶将水井里的水舀干，而后选一位身体健康、瘦小精灵的年轻人，戴斗笠，穿蓑衣，下井清洗井壁上的青苔、井底的淤泥，最后放上活蹦乱跳的鲶鱼，清洗水井便大功告成，来日一早人们又可以到井里挑水煮饭了。专家考证，浑头林的墙砖是典型的明末清初的砖头，距今近400年，保持如此完美的明末古建筑群如今已经很少了。浑头林建筑群防御功能明显，一座民宅就是一个分体式古堡，每栋建筑既相对独立，又有小侧门互通。平时自立门户，各家各户互不相干，追求岁月静好；战时打开侧门，携手相助，共同御敌。这个村分成东南西北四个大门，每扇门板都用上千年苦槠树锯成20厘米厚板，朝外一面还包上铁皮，打上铆钉，这样处理后的大门斧头劈不开，大火烧不透，在冷兵器时代坚如磐石、牢不可破。门内用20厘米粗壮的硬木做丁字支撑，一字一头顶住大门。丁字一头顶在距离大门两米左右的一个深埋在路中间的石柱内侧，这样加固后的大门坚固无比。浑头林的先人们便在这坚固无比的村堡里，一代又一代快乐地生活着。

浑头林村还建设了隐蔽性极佳的地下室，安置老人小孩，万一土匪攻进村子，他们不会受到伤害。历史上浑头林村从未被土匪攻进过，这里成了附近村庄防御土匪的重要堡垒。墙上清晰可见"团结一致、消清土匪"的标语，这标语已经七十多年了。现在，我们国家已经进入和平发展的快车道，村庄的防御设施已经成了向游人展示匪患横行年代人们和土匪斗争的活标本，向人们倾诉和平的可贵。

浑头林村六七十栋砖木结构古宅，栋栋精美绝伦。墙头垂直向下的砖雕装饰是闽北古建筑中绝无仅有的，建天井用的宽大平整的条石，每条都超两千斤以上，在完全没有机械助力的时代，是怎么运进屋内安放到位的，都让后人从心底里敬佩先人们的智慧。

漫步浑头林古巷，嗅着闽北古文化的芬芳，沐着数百年的风雨沧桑、诗情画意，还有蕴藏在这深深庭院里的一面花窗、一幅石雕、一堵老墙，都让我感悟到不同的情感。这是古老岁月蕴藏的优雅，是闽北文化的温婉和静美。

（建阳区）

上 际 廊 桥

建阳区徐市镇盖溪村上际自然村，历史上是个较大的村落，曾经有120多户村民，有魏、冯两个大姓。这个村至今保存一座特殊的廊桥，建在村旁的小溪上面。夏天微风习习，人们经常聚集在廊桥上讲过往的事情，或者坐在廊桥边享受着自然的美好。

这座廊桥和别处的廊桥不同，靠村子这边的桥头，是个戏台。相传160多年前，清朝同治年间，村里有个18岁的少年，名叫魏良大，到邻村看戏，有座位也不让他坐，还被嘲笑羞辱，说是："你们村好可怜，没有戏台演戏，还要晚上跑到我们这里来看戏。"

魏良大十分委屈，戏也不看了，回来向父母哭诉被人嘲笑、歧视的缘由，要求在本村搭建一座戏台。因为没有戏台演戏被人看不起，让村中大人们颜面扫地。少年的倡议，得到村里魏、冯两家族的响应和支持，并由魏延渭、魏延章叔伯两人出面主持修建，全村人有钱出钱，有力出力。有捐钱财的、有捐木料的、有捐毛竹的、有义务出工的，请来工匠开始修建。

为了不占场地，在上际村旁小溪上修建起一座廊桥，靠村子这头搭建一个戏台。梁柱榫卯衔接处，还配制了精美的木刻雕花。这些雕花穿越百年风雨，至今依然完好无损，历历在目。为了便于看戏，廊桥宽6米，比普通的廊桥要宽些，桥上的屋面也比一般的廊桥要高些。廊桥两旁安装栏杆和固定的靠背座椅，平日里，这座溪上建筑物是村民纳凉、聊天、休闲的好去处。

随着岁月的洗礼，廊桥也经历了雨雪风霜。2006年进行了一次翻修，屋面改成彩色瓦片，原来木板地面改为水泥地面，在戏台另一头修建了厨房。28米长的廊桥，是村里红白喜事和各种聚餐的好场所。

每当大家聚集在这里时，都会怀念当年魏良大积极倡议修建戏台的往事。修建这座特殊廊桥的事情，也激励村中一代又一代的少年，他们认为：为人必须争气，才不会被人歧视。因此，这个村的孩童读书比较刻苦，长大后，在工作事业上也积极有为，形成一种特有的"上际廊桥励志精神"。

（建阳区）

小湖镇鸿庇档案库房

　　20世纪50年代，台湾海峡的战火不断，战事告急，福建省的省会城市福州进入战备时期。出于安全的考虑，中共福建省委决定将档案转移到相对安全的后方。保证档案安全成为档案干部的首要任务，福建省档案馆决定要清理档案，分清玉石，选择安全妥善的地点和库房安置转移疏散的档案。省直46个党政机关有43个机关清理、转移档案文件，7个专区、市的档案转移到了安全地方。小湖镇鸿庇档案库房，是省委档案的守护者。

　　1956年8月10日，福建省第19次省长办公会议决定在建阳区小湖镇鸿庇村维修和新建后方档案库房，并拨专款11万元用以修建鸿庇档案库房。鸿庇库房面积约950平方米，建成后将存放在福州的1230多箱、南平的1270箱共计18.22万卷（册）的档案分批转移到此，对外称"建阳山区建设委员会鸿庇办事处"，此外还代管福建省委、省人民委员会18个单位未进馆档案2200多箱共20万卷，后库配备干部7人，负责保卫和提供利用工作。福建省档案馆工作由省革委会办公室直管，分为福州和鸿庇后库两个办公地点。从此，在福建省的大后方，一个宁静偏僻的小山村——鸿庇默默地肩负起守护省委档案的重要职责。

　　时光荏苒，1973年福建省档案馆开始在福州市新店磨里建设档案库房，将保存在建阳县鸿庇后库的档案陆续运往磨里后库。1982年底，鸿庇后库所保管的省档案馆档案除了原建阳专署、税务局、粮食局等5个单位的89箱档案于1977年移交给建阳地区档案馆保管外，其余全部搬回福州新店磨里库房，结束了长达26年省馆藏档案不断搬迁的历史。至此，鸿庇后库圆满完成了守护省委档案的历史使命。

今天，能够看到的是档案馆库房及部分守卫档案部队的营房。据村里的老一辈人说，当年的省档案馆库房旁边驻扎着保护档案的军队。部队的营房有多间，由荷枪实弹的军人严密把守着，外面的人不能随意进入，神秘的色彩笼罩着这个小村。

1983年，当年的档案搬走了，当年的部队也撤走了，空余下的档案库房以及部队驻扎的营房划拨给鸿庇初级中学（现为鸿庇小学）作为教室使用。

（建阳区）

何兑何镐与台溪精舍

远在南宋时代，尚读村有一对父子，父亲从北宋时期开始从政，担任广西提刑检法官，后南宋高宗绍兴间担职通盘官。他一心忙于事务，为人清廉，后来与大理学家朱熹相识，朱熹称赞他做学问是"忠诚笃厚之姿，廉鲁直才之操；出于无而成于学，充于内而不暴于外"。儿子受父亲影响立志以圣贤为师，一心讲求道德修养。

父亲姓何名兑，字太和，号龟津，是一个清官学者，马伸曾抚谕广南，见到何兑十分赏识，便向他传授了程颢、程颐的学术。马伸因上书抨击了奸臣受贬斥而死，何兑内心十分痛苦，于是暗中将其事迹编成材料，并为其守学。因他是杨时（字龟山）门生，被世人称为"龟津先生"。儿子姓何名镐字叔京，因为受父亲一身正气、以身传学的影响，为人正直，学问渊博，士人都尊他为师，学者都称他为"台溪先生"。

南宋绍兴年间，何兑为辰州通判。何兑阅报时，从邮报上看到秦桧篡改历史，吹嘘自己忠于赵宋王朝，有再造之功，又因好友马伸的遭遇，怒从心起，一纸诉状将马伸之事呈给尚书省，验明马伸忠直，揭露秦桧纵容张邦昌称楚帝的丑行。秦桧见状便将何兑打进监狱，削去官职，至死才官复原职。后人发现他宅旁有泉，泉侧有石，方平如砚，泉如人样，便把这口泉称为"通判泉"。

其长子何镐因父亲原因与南宋理学大师朱熹成为挚友，便倾心建造了一处寒舍，名为"味道堂"，为儒学传业授道解惑，并与朱熹在其内论学，相互研讨学问，辩论疑难问题，受其启发诸多写下了《易集义》，朱熹也为其寒舍撰写《味道堂记》。朱熹对何镐的学问赞不绝口，认为他"深造默识""口讲心潜""躬行力践"。此后两人频繁来往于武夷山、

邵武之间，推心置腹，肝胆相照，并不停地进行书信来往，朱熹甚至还将书信内容记录了下来写成《答何叔京》，共有四十一通。后来何镐因循资被调往潭州，但是在动身出发时染上重病，一倒不起，因病去世。在病逝前曾在书堂著作《易学说语》，朱熹看后不停称赞这本书，对世人说"此书可传之后世"，世人便因此知道了何镐的事迹。又因为其著作《台溪集》，于是便称他为"台溪先生"，他的学堂味道堂称为"台溪精舍"。后来村人为纪念何兑何镐两父子的学识与事迹，便于民国十三年（1924）将村名改为"尚读"二字。

　　如今的台溪精舍依然存在，风光不减当年，时代不停地变更，而学堂依旧是学堂，和身旁的通判泉一起，安静地坐落在尚读村，虽已不再使用，但依旧韵味十足。

（邵武市）

亦城亦村话城村

城村，一个武夷山东部的自然村落，说它是村却像城，说它是城又像村，这事就连城村当地人都说不清。

城村，亦名古粤。居民以林、李、赵三姓为主，皆为中原望族。其祖先均居中原，因避战乱，先后由东晋、唐末、宋末辗转入闽，迁移落脚于此。村中，林氏号称"九牧林"，为商代名臣比干之后，李氏系唐高祖李渊后裔，赵氏则是宋太宗赵匡义长子、楚王赵元佐子孙。据《赵氏宗谱》记载："城村，粤城也，始建隋唐，我祖览其山川之秀，人情之醇，遂卜居焉。"以此算来，林、李、赵诸姓来到城村，已有一千好几百年的历史了。

城村常住人口五千多户，一万七八千人。有城门四座，码头三处，街亭四座。四条主干道交错呈"井"字型，分叉成三十六街、七十二巷。街道用河卵石铺面，街街相通，巷巷相连，仅水井就有九十九口。街中立有"潭北名区""北方重镇"牌坊。舞榭歌台、茶楼酒肆一应俱全，一条富有灵性的水渠从街中穿过。流水潺潺中蛙戏水面，鱼翔浅底。既可以用于消防，又方便村民生产生活。最外又有城墙围护，定时开启。可见，城村完全是按"城"的功能、规模、形制来构筑。

城村行政区划总面积5.8平方公里，历史上隶属建阳将口，尔后划归武夷山建制。村内建筑皆具明清风格，硬山屋顶，起架平缓，山墙多采用立砖空砌。基台用青石台阶，灰砖铺地。房间梁柱多用"人"字如意斗拱交接，梁垫牛角加工精细，宅第采用砖木雕来装饰梁、柱，斗拱、照壁、门楼、门窗和抱鼓石，是典型的民居建筑。即便是荣登世界文化遗产的百岁坊、古粤门楼、赵氏家祠、林氏家祠、李氏家祠、聚景楼、风雨亭、进

士第，也是连一点官家建筑影子都没有，以此说来，城村的的确确只能是个"村"。

城村，有个"抢菩萨，定治所"的故事。

相传宋淳化年间，朝廷设崇安县建制。治所设在古粤还是温岭？两处公说公有理，婆说理更多。建州府伊侯爵是个饱学之士，亲自前往古粤和温岭察看，两处相比较，各有千秋，连自己都拿不准。思来想去，想到"有城就有神，有国就有佛"的古训，想到了个用"抢菩萨"的办法来定治所。

侯爵把扣冰古佛塑像"请"到了营岭，奉于文庙大成殿，定于2月21日由古粤和温岭各派20人组成一队来抢菩萨，谁赢就把治所设在谁那里。

古粤、温岭多为温文尔雅的读书人，若比体力倒也实力相当。不想，温岭一方却在私下里请了北路人。北路人多为"做松筒"出身，生性率直，力大无比，人称"北路蛮"。可怜古粤的那些读书人怎是"北路蛮"的对手，三下两下也就败下阵来。

结果可想而知，温岭成为崇安县治所所在地，古粤与崇安县治所擦肩而过，亦改名城村，即"亦城亦村"之意，"抢菩萨"的结果也算是皆大欢喜。由于抢的是扣冰古佛，是当地人的保护神。虽然治所已定，但"菩萨"还是要"抢"的。于是农历2月21日"抢菩萨"也就成了风俗，一代一代延续了下来。

八百多年前辛弃疾、范仲淹、吕祖谦、黄干就是在城村码头弃舟登岸，提举武夷山冲佑观的。淳熙六年，陆游任福建常平茶盐公事，乘舟溯建溪而上，夜宿黄亭，写下了那首脍炙人口的《初入武夷》："未到名山梦已新，千峰拔地玉嶙峋。黄亭一夜风吹雨，似与游人洗俗尘"。据后人考证，那一夜陆游夜宿的"黄亭"就是今日的城村。

城村自古是中原进入福建的水陆要冲，是闽北的通商大埠。终日商贾云集，车马喧嚣。南下的岩茶、闽笋、香菇，北上的鱼货、洋油、盐、布，在这里停靠过驳，车来船往，络绎不绝。村内戏苑通宵达旦地上演着《卖金线》《打柴郎》《十唱姐》的乡村曲目。白日千帆过，夜里万盏灯，就是当年城村繁华的写照。

城村，城耶？村耶？只有留给学者去考证了……

（武夷山市）

敦本明伦看祠堂

武夷山的传统氏族大多源自"京兆""润州"和"光州固始",在他们聚姓而居的村落,毫无例外都修建了祠堂,而且千余年来勤修不辍。

武夷山的祠堂多采用沿中轴线构筑,外立门楼,内有庑廊,又以抱鼓石护墙,使得整个建筑纵横规整,严谨对称。祠堂门楼常雕饰龙、凤、麒麟、狮子等祥禽瑞兽和典故箴言所寓意的人物故事,门额镶嵌"某某家祠"字样。有的甚至将祖上的业绩与辉煌,以绘画、匾联、书法、铭文形式雕刻成形,嵌于坊柱、门楣,示以裔孙后人。宗族兴旺后,不仅有建宗祠、族祠,各房头还分建有家祠。可以说,一座祠堂,就熔一个家族生活、理念、道德,以及民风民俗于一炉,是一个家族的浓缩,故祠堂也称祖庙或家庙。

神圣的祠堂,上横佛龛供着老祖和家谱。其实,供奉的就是宗族的"历史"。

黄柏吴氏祠堂记载了吴玠、吴璘兄弟二十余载致力抗金,开辟川陕第二战场,大小战斗百余次,在仙人关、饶风关、富平大战中大败金兀术的详细经历。

城村李姓族人将列祖列宗,族中子弟"入贡""中举"绘成图谱,悬挂祠堂四壁,还将现代考入大中专院校的"士子"张榜公布。林氏号称"九牧林",于东晋因避战乱,"以草裹足,过分水关,辗转入闽"。祠中有明崇祯年间勒"储碑"一方,先说"祠须存粮,家须存粮",才能"以丰补歉"。又将林氏一千七百多年的迁徙途径、姓氏源流、传承谱系、人口繁衍的来龙去脉记载得清清楚楚。

毋庸置疑,一姓祠堂,即是宗族的"历史",又是宗族的"法庭"。

祠堂是族权的象征，规范着每个家族成员的行为。岚谷陈氏祠堂刊碑："自乾隆五十八年起，至嘉庆十三年止，所有宗祠租谷银两，共计得银五千余两。用于祖祠修葺、置办田产、子孙读书上进、无力殡葬者……违者罚戏一台。"碑中，不仅对公中银两的使用做了规定，还订立了"违者罚戏一台"的制度。对族中鸡鸣狗盗之徒、男盗女娼之辈，也大多在祠堂这个"法庭"里做出诸如"剁手废指""猪笼沉河"的"判决"。

不过，祠堂更多的是排解纠纷，督促家族成员恪守纲常、循理保节的功能。洋庄三渡村余氏因分家"吵闹不休"，族长叔公经调解后，做出了"兄为官，食俸禄，少分。弟务农，事父母，多分"的决定。在祠堂，族长叔公有着至高无上的权力，他做出的决定就是终审"判决"。

祠堂是宗族的"家学"，绝大多数的祠堂都曾经承担了"家学"的职能。

城村赵氏家祠的门额是"奕世重光"，大有复兴本族之意。门楼砖雕十鹿图与八骏图，寓意享受俸禄，家族子弟科举入仕，以光宗耀祖。祠堂

厅堂轩昂，空间宽敞，廊庑秀美，庭院幽雅。因此，私塾设祠堂一直延续到20世纪七八十年代，千百年来培养了无数族中子弟。

下梅邹氏家祠祠规第七条记载：子孙考试，于院考时，给盘费洋番二圆；入学者，给帮费洋番一十圆；赴乡试者，给盘费洋番四圆；中举者，新科，给盘费洋番四十圆，第二次者，每次给盘费洋番贰拾圆；中进士者，给帮费洋番六十圆；因报副岁贡，给帮费洋番一十六圆。藉此来鼓励家族子弟。为此，《崇安县新志》记载："祠堂中犹保存扁担、麻索以鼓励后人。"

值得一提的是，武夷山的"官办"祠堂——作邑彭氏三丈祠。

作邑彭氏三丈祠，又称崇德报功祠，为彭姓祠堂。据民国《崇安县新志·姓氏》记载："唐贞观初，润州人彭迁授建州左牛卫上将军，遂居于温岭东岸之潏口，垦辟荒地九十余处，移民居之，名曰新丰乡。闽永隆三年，其子请以新丰乡为温岭镇。南唐保年间，玄孙　取崇地安宁之意，请以温岭镇为崇安场。邑人高其功，祀以三丈祠。"

古崇安从"乡""镇""县"，以至到今天"新丰乡""温岭街"，无不与彭氏有关，故有"先有彭，后有崇"之说。

为纪念和褒扬彭氏开邑有功，由官府出资，于县署旁的横街头修建作邑彭氏三丈祠，每年由官府主持祭祀。"作邑"即崇安开邑，"三丈"即彭迁、彭汉、彭　三位大丈夫。作邑彭氏三丈祠史称"规模宏丽"，可惜祠堂毁于20世纪80年代，仅留"作邑彭氏三丈祠"石匾一方。遥想当年，作邑彭氏三丈祠香火极盛，作为千年古宗祠消失在历史烟云中，不禁令人唏嘘不已。

祠堂不仅是连接宗亲的情感纽带，还是家族祭祖、议事、婚庆、宴饮、社交、聚会的主要场所，甚至还可以寄放灵柩，暂借给突发灾难而无家可归的族人居住。历史上族人不论走得多远，走了多久，都将回到祠堂来寻根谒祖，尔后抓一把祠堂的香灰和泥土，以示不忘根本……

国有史，方有志，家有根，这个根就是祠堂。

（武夷山市）

房道（璜溪）雷氏曹山祠

　　璜溪（今房道镇）雷氏先祖鸾公字景瑞，剑州别驾，于唐代天复二年（902）壬戌之乱，不受伪官，自江西丰城，经循汀州入建，避入闽中建州之黄孙居焉，登高临流，视之山川秀丽，土地平原，资源丰富，风景为胜。其溪流委婉，因钓得璜，取名璜溪。鸾公长孙友敬六世祖，为正宗派，敕封豫章郡公。夫妇百年，安葬曹山。子孙后裔昌炽，功名显赫，成为在闽八县世家大族。尤其转到第六世祖雷友敬更为发迹。为此由友敬公之长子雷仁琬，于北宋开宝五年壬申（972）主持兴建豫章郡公祠堂，名

曰曹山寺，又曰广福寺。创建曹山寺祠堂，是为了纪念璜溪雷氏第六世祖雷友敬，任剑州刺史，晚年致仕，封大中大夫豫章郡君，配杨氏封夫人。雷仁琬夫妻百年后亦安葬曹山外窠，而建造祠堂，供雷氏后裔祭祀先祖及开办书院传授儒学之用。

曹山祠堂为雷氏世家大祠，规模雄伟，建筑面积三千平方米。大堂正中塑造豫章公和杨氏夫人巨大肖像。东西两堂，安放唐、宋、元、明四代尊祖神位。祠堂正中三面直匾，左右两匾，堂内建造四座厅堂。孟、仲、季、洪四房各一厅堂。正堂文曰："璜溪流千派，曹山第一丛。"大堂前坪4棵千古香柏，雄伟芳香，绿翠长青，祭田山林与祠堂共用，专人照管。族定每年正月二十日和十月二十日，全族功名子孙，集祠供斋拜祖，议族大事，每年二月十五日全族子孙集中到祠堂祭祖，直至土改祭田归公，停用专管，而后由族人自筹祭祖。祠堂二门直匾"光前启后"，左联"礼乐衣冠绳祖武"，右联"文章德业翼孙谋"。大堂中匾"世观恩光"，左匾"镡阳行庆"，右匾"斗光同气"。

（建瓯市）

江南名窟合掌岩

合掌岩，"一名仙掌，两石相合"，为千年古城顺昌四大风景中的名景——"合掌翁郁"，素以祥云佛光，奇岩怪石，古寺石窟，苍松秀色而闻名。

一派禅风仙气、花木葱茏的合掌岩古称"鱼尾山"。相传古时江西鄱阳湖有一鳌鱼精趁洪水之机翻越分水岭，跃入富屯溪，卧身南平峡阳溪面，兴风作浪，惊动当地百姓，遂在鱼身上造溪东庙，请来各路神仙镇压。鳌鱼精被迫在闽江口抬起头，成为今日福州鳌峰洲。鱼尾在富屯溪、金溪交汇处翘起仍在疯狂作孽，掀翻福州上行盐船，渔民、船工怨

气冲天。消息传到灵山如来佛耳朵里，急命观音菩萨赶到顺昌上空，禅指一珠定格为"鱼尾山"。顺昌黎民百姓感恩如来佛、观音菩萨降伏鳌鱼精，在合掌岩上建西安寺供奉如来佛祖、观音大士。

2003年本圆法师自龙头岩云峰寺到合掌岩主持西安寺，激发雄心壮志，在合掌岩中开凿"万佛石窟"，打造"伽蓝净土，理绝嚣尘"的大千世界。本圆法师以愚公移山精神开凿石窟，饱尝人间艰辛，十几年来筹集善款、征集方案，精心设计，聘请南北派良师名匠，艰苦开凿。合掌岩"万佛石窟"工程宏伟，开凿艰险，华东少有，被称为"江南第一窟"，深深吸引广大海内外游客登山览胜，进洞观光。

（顺昌县）

顺昌木拱廊桥

　　顺昌木拱廊桥，是传承千年的桥梁活化石。闽北山岳纵横，溪流众多，祖先们为了改善自身的生存环境和拓展对外的交通大道，凭借自己的聪明和智慧，在深山沟涧上搭起了一座座古桥。

　　顺昌木拱廊桥的最大特点就是修建时不用寸钉片铁，全部都靠榫卯相接。而且所有用料都是就地取材，直接就在山涧河道旁砍树来建。如此朴实而又精妙的建造工艺，凝聚了民间艺人一代代的智慧。

顺昌古廊桥营造，有史料记载的最早是在1354年，旧志辑录顺昌有17座廊桥：济川桥、鸿门桥、棋溪口桥、龙津桥、槎溪桥、漠口桥、交溪口桥、通汀桥、富文桥、万全桥、泰亨桥、吴墩桥、云衢桥、章埠桥、水临桥、要津桥、何历口桥，因受自然灾害侵蚀，均已消失。

廊桥上的神龛、戏台、凳床、摊点是村民祭祀、看戏、集会、歇息、观赏、贸易等活动的场所。廊桥上的楹联、匾额、碑刻及梁上墨书的董事、工匠、捐款助工等纪事，是当地珍贵的人文资料，具有较高的文化价值。

廊桥上的神龛设置也有讲究。廊桥横跨溪水，神龛设于桥正中靠下游侧，神像面对淌来的溪水。据村民称，这样的设置也有寓意，一是设神龛置神灵以镇住来水，保廊桥平安；二是神像面对淌来的溪水，守住源源不竭而来的财源福气，以保住村庄的风水。供奉的神像很广泛，有佛教的观世音，也有道教的五显灵官、土地神，还有一些是地方神灵。村民在桥中设神龛祭祀神灵的目的不仅是保佑廊桥，他们更关心自己的生活前程。因此，每逢正月或每月初一、十五，许多村民都会汇集到桥中进行祭祀活动，祈求神灵护佑。木拱廊桥是乡村文化的集散地，它与村民的日常生活早已紧密地联系在一起。

随着社会现代化的进程，科学技术的发展，水泥、钢筋等材料取代了木料造桥，古廊桥逐渐被现代公路桥所取代。大量的古廊桥或毁于水火，或圮于人为，或年久失修，闽北现存的木拱廊桥仅有10余座且逐年减少，再加上造桥技艺的高难度和造桥主墨木匠的相继老去，技艺传承后继乏人，木拱廊桥面临濒危状态，抢救和保护的工作迫在眉睫。

近年来，顺昌将廊桥保护与旅游开发相结合，探索"以桥养桥"的廊桥保护模式，这使得木拱廊桥进一步走进人们的视野。合掌岩风景区的"龙泉桥"的营造，使"木拱廊桥"这一瑰宝又重放异彩。主墨木匠徐云双被省政府公布为非物质文化遗产代表性项目"闽北木拱廊桥营造技艺"的代表性传承人。

廊桥，让顺昌这方山水独具风格、底蕴深厚，增添了厚重的文化色彩；廊桥，浓缩了千百年的乡土文化发展史。廊桥，成为一代人的精神寄托。

（顺昌县）

金 斗 观

浦城县金斗观是北宋一位叫周明凤的商人所建。周明凤字廉溪，人到中年仍无子嗣，就到湖北武当山去求神灵，许愿生子后就仿照武当山的道观，在家乡也修建一座。后来果然灵验，生了一个儿子，于是派家丁到武当山，将道观绘成图纸，拿回家乡，寻访地形，在观前村东面的金斗山上也建了一座道观，同样有三道天门。所以金斗山也被称作"小武当山"。

登金斗观，要依次经过小武当山西面山坡上的三道天门。湖北武当山的三道天门都不供奉神灵。金斗观的三道天门不如武当山的险峻，但都供奉有神灵。"一天门"位于山脚，供奉"火炼官"，有闽海使者张　所书的"金斗庵"三字迎门延客。"二天门"，又称仙人桥背，位于山腰，供奉岳飞塑像。"三天门"靠近山顶，供奉财神赵玄坛塑像。三道天门都有亭，还有南天门。主殿内供奉的是"玄天上帝"，即"披发仗剑，脚踏龟蛇"的真武神，他也是武当山道观的主神。

金斗观主殿内，除供奉着主神"玄天上帝"外，还有"二十四诸天"、武当圣母、柳树精、桃花女、弥陀、观音等神像，以及壁画"北阙三十六将"。

金斗观武当圣母、桃花女、柳树精三尊为铜所铸。民间传说这三尊神像是信徒们请匠人在别处打造的，做好后准备将其搬到观内，却怎么也搬不动。众人正发愁之际，一牧牛童路过，上去用牛鞭子抽打铜像，居然就让他们动起来了。三尊神像就这样被"赶"到了金斗观。1958年大跃进时，三尊铜像都被拿去"炼铁"，毁坏殆尽。

（浦城县）

国保云峰寺

云峰寺位于福建省浦城县水北街镇曹村北面的巍巍群山中。盛世大唐的能工巧匠们在这块树木翁郁、水石峥嵘、云烟缥缈的风水宝地，伐巨木、勒条石，建造了这座"奉佛祝圣道场"。

远眺云峰寺后的石牛岗，山势飞扬、巍峨耸峙。两侧山脉层岩叠嶂，青翠欲滴，风景秀丽，山门前溪水入境，古桥下流水淙淙，古人风水地理学说在这里得到印证。

云峰寺自唐始建，几经损毁，大殿部分于明成化年间重建，完整保存至今已有500多年的历史，虽历经数百年的风雨洗礼，依然似一位精神矍铄的老人，在向我们讲述着曾经发生的故事。

云峰寺大殿的大木构架类型属殿阁式抬梁造，前后七檩，殿身分心槽加副阶周匝，总体上沿袭宋代《营造法式》制度。在大殿的上、下檐阑额和柱头之上置有普柏枋，阑额与普柏枋在角柱处同时出头，二者断面呈"T"字形，属于更早时期的唐代建筑手法的遗留。同时，大殿的上檐立柱普遍使用"叉柱造"手法，柱跟立于栌斗之上，则属于较为典型的宋代做法。此外，在上下檐使用较多的平身科斗拱（即补间铺作）、角科斗拱中使用假昂，内檐使用如意斗拱等，也都是明代建筑手法的具体体现。

大殿木构架中体现出来的地方手法，如拱上多加斗的做法，在后来的岭南与闽南建筑中发展成为相当常见的建筑手法之一。整个建筑在用自身的建筑语言无声地描绘着自唐至明代的建筑结构、技术发展演变和传承的故事。

寺内留下的石刻文化遗存则镌刻着云峰寺的另一些故事。大殿中立柱二十根，柱身略呈梭形，柱础均为覆盆式，殿身六柱为覆莲式。柱础中的

四根阴刻有"成化拾捌"题刻，既是大殿重建年代的依据，也可以成为判定其他古建筑石柱础年代的标准器。还有大殿内有明代的佛像须弥座《上原里云峰寺记》，大殿右廊后侧有《云峰禅寺碑记》。《云峰禅寺碑记》记载了北宋浦城籍礼部侍郎吴待问曾出资修庙的记录。碑文中的大量文字记述了该寺的地理环境，庙宇兴废修葺，主持僧人的师承来历，捐舍人的公益行为以及寺庙的田产、四至、庙产收益等等，这些记载对闽浙古代寺院经济有着重要的研究价值。

两尊云峰寺镇庙之神——石雕金刚，手握兵器，身着战甲，气势威武不凡。20世纪80年代初文物盗窃分子将头和臂膀敲下，盗卖至建阳等地，后经公安机关和文物部门联手破获，追回被盗构件，并按原样恢复。

现在的云峰寺，中轴线上由山门、前殿（天王殿）、大殿（大雄宝殿）、后殿（圆通殿）及香积橱等建筑组成，四周围墙环绕，占地面积将近2400平方米，大殿戗角横空，鸱尾灵动，斗口繁缛，是浦城县目前保存较为完好的大寺院之一，2013年云峰寺大殿被国务院公布为全国重点文物保护单位。这位历经500多年岁月沧桑的老人，仍然焕发着质朴率真的雄浑气势，矗立在烟霞环绕的幽谷中，向人们展示着他那祥和的微笑。

（浦城县）

水牛精与洪光塔

　　鸾凤乡十里铺村的大洲自然村临富屯溪旁有一座水牛形状的小山，山上建有一座高高的七层宝塔，叫洪光塔，是光泽县城郊标志性的建筑，进入光泽地界老远就可看到。

　　说起这水牛形的小山和洪光塔，在当地人中还流传着一个广为人知故事。

　　说是很久以前，城东大洲自然村有一头水牛经过千年的修行成精了。这水牛精经常作怪，到处为非作歹，残害百姓。

　　那年秋季在富屯溪中间大洲上种的谷子成熟时，就被它一块块吃掉。许多农民开始觉得奇怪，又没有脚印，也没有痕迹，怎么谷子会没有了。这莫非是见到了鬼？于是这些农民埋伏在庄稼里。到后半夜时，水牛精来了，只见它施展法术，变成老大的形状，伸长头到河中间的沙洲庄稼地里大吃起来。"原来是这畜生！"几个青年气得冲出，有人一刀砍到了水牛精的耳朵上，水牛精顿时流血不止，痛急了跳到河水里去洗，一下子富屯溪河水漫高，淹掉了周边的房屋和庄稼地，也淹死了许多人，大水还淹了县城的东关一带。

　　从此水牛精在这里更加猖狂，变本加厉地残害百姓，搞得这一带民不聊生。后来，天上的托塔李天王听说这事，巡视光泽时，见到它后大怒："果然如此！你这畜生，安敢如此作恶！"就将手中的神塔抛下，扔在牛头上。水牛精闻声抬头看到是托塔李天王，吓得想赶紧逃脱，没想到神塔镇压在头上，马上不得动弹。李天王制伏了水牛精后，画下了神符，然后将神塔收回，从此水牛精一动不动地镇在这里。千百年过去，尘铺土盖，它成为村口这座水牛形状的大山，立在村庄旁。当地百姓害怕有朝一日神

符失效，水牛精脱身，再来残害人家，就集资在牛头上建了一座七层宝塔镇压在上面，让水牛精永世不能翻身。这座宝塔位于城东水牛形山峰上面，所以又叫东山塔。因为晨日太阳最早照在塔顶，霞光笼罩，人们称是仙界洪光照耀，所以又叫洪光塔。

现在你来到大洲自然村村口，看这水牛山形状的牛头、牛眼、牛嘴、牛脖、牛背、牛胯、牛尾，活生生的就如一头横卧在此的水牛。对河的一面是牛嘴，高处的两个泉眼是牛眼。人们说是因为牛头上镇有宝塔，水牛精不能动弹，痛苦而内疚，泉眼的泉水是他流出的忏悔眼泪。整个水牛形山峰从头到尾约有3里长，把大洲村围住，只有靠水边一条小路通向外面。

当你来到闽北光泽，一到城东就可看到这个水牛形山和塔雄立在那里，当地的百姓也一定会向你讲述这个洪光塔镇水牛精的故事。

（光泽县）

崇仁严婆桥

　　崇仁乡有一个叫严婆桥村的地方，现在是严婆桥农场。因为古时这里有一座桥叫严婆桥，所以有这个名字。

　　关于严婆桥名字的来历，当地村民中世世代代还流传着一个故事。

　　相传宋朝宣和六年，当地有个叫严伯和的人，家境富有，娶妻陈氏，美丽贤惠，勤劳能干，大家都亲热地叫她严嫂。两人新婚燕尔，相敬如宾，恩爱异常。半年后的一天，丈夫要到外地做生意，相约第二年初夏回归，夫妻团聚。可是第二年丈夫如期归来时，走到这溪水边，正值溪水暴涨。这里没有桥，只有一条破船摆渡。他思妻心切，不顾水势太大也不顾自己不懂水性，依然撑船过渡。没想到船行至溪中，一个浪头打过来就把船打翻了，人也被洪水冲走，送掉了性命。妻子严嫂在家闻此噩讯，肝肠欲断，寻到渡口溪边时，几番要投水殉夫，都被人劝住。她悲痛许久，冷静想到丈夫是淹死在此溪中，只因这里没有桥，年年都有乡亲过渡落水送命，我要能建一座桥造福桑梓，也可告慰严郎和死难的乡亲！回到家中，她把所有的家产都变卖了，但所得银钱还不够造桥的一

半。但她没有打退堂鼓，从此开始纺线织布，帮人缝洗衣裳，省吃俭用，一个铜板一个铜板地积攒，过着十分艰难的日子。转眼30年过去，严嫂从一个美丽的少妇变成白发苍苍的严婆。

这年，她在丈夫祭日的那天，请来了许多石匠，开始了造桥。可是开头工匠们都不相信她一个穷老太婆有钱，不肯上工。严婆知道工匠的意思，故意叫工匠来帮忙，把屋中30年积蓄的银子搬到院里晒霉气。银子铺满了一地，工匠目瞪口呆，马上全部上工，从此日夜加班赶工建桥。当地村民听说，也深受感动，有钱出钱，有力出力，很快一座长长的石桥就屹立在大溪上。竣工这天，严婆一天都徘徊在桥上，抚摸桥上每一块条石，每一段石栏，想起与夫君当年的恩爱，回忆30年的生活艰辛，百感交集，老泪纵横。到了黄昏时刻，她走到桥中，对着桥下滔滔的流水，大声呼喊："严郎，我足以告慰你的在天之灵，现在我来与你相聚了……"说完就纵身跃入流水中。

她的死惊动了所有的乡亲，人们齐集在桥上桥下哭着呼唤着她的名字，但她再也不会回应了。人们回想她一生的不幸，回想她一个丧夫的弱女子，几十年含辛茹苦地矢志筹资建桥，并以此殉夫，都很受感动。为了纪念这位高尚的老人，人们就把这桥起名叫严婆桥，这个动人的故事也在当地人中间世世代代地流传。

（光泽县）

清溪夫人庙

地处司前乡清溪村的夫人庙自古以来都非常有名。在过去，提起"清溪村"这个村名，人们倒印象不深，但一说起"夫人庙"，几乎人人皆知。

夫人庙占地面积600多平方米，由正殿、戏台、厢楼、空坪、厨房等组成。正殿叫"清溪殿"，又叫"天妃宫"，里面供奉着陈氏、林氏、李氏三位夫人塑像。陈氏夫人名叫陈靖姑，莆田人，年幼时曾赴闾山学法，24岁祈雨抗旱，为民除害而死。死后魂灵得道，学得妇产医术悬壶济世，为世间"助产保胎之神"。林氏、李氏两位夫人是她的结拜姐妹，当年助其求雨除害，保佑世间平安，五谷丰登。

三位夫人原本是闽南闽中一带人们的信仰，和妈祖齐名，缘何会出现在闽北这个偏僻山村里呢？这里流传着一个美丽的故事。

相传明朝末年，闽南闽中一带战争连连，闽南一户人家，听说闽北没有兵乱，且物产丰富、土地富饶、山清水秀、人性淳朴，于是这家主人与家人商量，决定往闽北一带逃难。说走就走，他将所有比较值钱的家当都放进箩筐里，准备挑着去闽北。临走检查是否遗漏了什么值钱的东西时，看到神案上供奉的陈氏、林氏、李氏三位夫人塑像，就顺便把三位夫人的塑像一并放进了箩筐里，希望自己一家逃到闽北之后能继续得到三位夫人的庇佑。

这户人家风餐露宿、翻山越岭、一路奔波，来到一个四周环山的大池塘边上。这时主人肩上的担子一下子仿佛变得有千斤重，他累得放下担子，招呼家人在池塘边的一棵大樟树下歇歇脚。歇罢，准备动身时，他却怎么也挑不动那担子了。他与家人都觉得非常奇怪，难道是筐里的三位夫

人想让他们一家人在此定居？他顿时急了，连连对着三位夫人的塑像祈求道："三位夫人菩萨，是不是您们三位想让我们一家人在此安家呀？可是这里是个大池塘，怎么能安家呀？如果要安家，至少得把这个池塘填平起来呀！"

转眼天就黑了下来，这家人就这在池塘边住下。可是第二天一睁眼，这家主人意外发现那个大池塘居然真的被填平了，换成一条清澈见底的小溪从平野缓缓流过。他再一看，发现自己的那副担子竟然挂在大樟树顶上。既然是菩萨旨意，他哪敢违抗，当即在那里盖起了房屋，安下家来。从此开田种地，男耕女织，过上了世外桃源的生活。住了一段时间之后，他发现这地方果然很好，便邀闽南那边的乡亲过来安家立业，渐渐地这里便人口兴旺了起来，成了一个大村子。

幸福的日子没过多久，平野边上的那条小溪接二连三地涨大水，淹没了田地，搅得村民常常颗粒无收。一直这样下去如何了得？村民们个个垂头丧气，叫天天不应，叫地地不灵。最初那户人家的主人想到了陈靖姑姐妹三位夫人，觉得把三位夫人供在家里，保佑不了全村的幸福平安。他和村里人一块商讨，决定在小溪边上盖一座庙，取名为"夫人庙"，安放陈氏及姐妹三位夫人菩萨塑像。神奇的是，庙建好后，溪里果然不再发大水了，人们从此安居乐业。于是人们又把村起名为清溪村。

（光泽县）

花　桥

　　花桥位于松溪县花桥乡花桥村头。据《松溪县志》载：此桥始建于清雍正年间（1723-1735），当时村民用木板搭在石墩上代替渡船，后来毁于洪水。道光八年（1828）村民捐资重造双墩三孔喜鹊桥，桥上建有厝房11间。光绪五年（1879）以花桥村林上卓为缘首，浦城县桥亭村首富吴观星出资再建。光绪二十六年（1900）喜鹊桥再次遭遇了洪水，只留下了桥墩，吴观星再次募捐重建，于光绪二十九年（1903）动工，三十四年（1908）完工，廊桥建成后雕梁画栋、重彩浓抹如花团锦簇，因而名为花桥。后来又以桥建村，以村为乡，这就是花桥村花桥乡的由来。1984年，村人对此桥进行了重修。

　　花桥呈东西走向，全长36.5米，有桥屋11间，四柱九檩，宽5.6米。抬梁式屋架，高4米，用柱40根。屋面为硬山，花岗岩细料石砌的马头山墙，中开桥门。左右两岸桥门各有一副对联，右岸桥门对联为"丹凤凌空美，巨龙过水威"，左岸桥门对联为"日照八都地，船向四海天"，右岸桥门前两侧还立有两个桥碑。当中梁架升起，作单檐歇山顶，设观音菩萨佛龛，天棚做八角覆盆藻井，并彩绘八仙。梁柱遍施红漆，梁坊花心遍施彩绘等。桥面中间铺青石，两侧为水泥面。桥两侧做直棂栏杆，并安长凳。檐枋下置蓑板并开空窗。

　　花桥为三孔石拱廊桥。桥跨左孔和中孔跨径10米，右孔7.8米，矢高均为6米。右孔是高低拱，台帽高出墩帽约1.5米。墩为料石干砌，平船型，宽2.7米，长9.3米，高4.2米；分水尖向上收分，顶部置鸟形吸水兽。拱圈为细料石纵砌落地拱，左孔和中孔矢度1/1.67，右孔矢度1/1.73，厚度45厘米。

　　花桥有两则旧事留传至今：一是清咸丰八年（1858），花桥村老者黄信奴率领乡亲，头顶香炉在桥上跪迎太平军，太平军首领见了喜出望外，认为花桥百姓善良，立即下令不准士兵侵犯花桥百姓和财物，守护了花桥村的太平。还有一次是1937年，新四军北上抗日，叶飞率领部队路过花桥，说花桥花不多，应景上添花，使之欣欣向荣，成为通往胜利的大道。

　　花桥人爱桥护桥，花桥村村委还在1985年8月立下了《护桥禁碑》，约法三章守护花桥。

（松溪县）

梅 口 埠

听到梅口埠这个词，可能大家觉得"埠"这个字比较陌生。这个"埠"在古代多指一个代码头的城镇。梅口在古代是一个商贸渡口，距今已有一千多年历史，这个地方在南宋时期才形成粗具规模的村庄。村民多是外地迁入，导览图中有叶、陆、范巷，这些是以最早迁入梅口的几大家族姓氏命名的。

梅口村地处松溪河下游段，河面宽，水流缓，是个得天独厚的水运码头。下游可通木船、竹筏至建瓯、延平等城市，上游可通松溪县城、旧县、渭田、溪东等乡镇和浙江省庆元县的新窑、竹口等集镇。从古代至民国时期均为闽东北与浙南边境交通要冲，历史上闻名遐迩。直到新中国成立初期，梅口村人还多以撑伐、撑船运送货物为业。

梅口有十八街巷，每个出口巷就有一条入河石敢，俗称"十八石敢"，条条石敢临河面。民谚曰："梅口地上尽是油，三天不驮满街流。"可以想象当年码头河舟客船货集，远通建宁府诸县，近通该县诸村落。由于梅口码头河运繁荣，明代在梅口设有巡栏。也就是说，古代这里设有相当于工商、税务、城管之类的行政机构，维持贸易秩序。如今，从被足底磨得圆滑的鹅卵石，不难想象古时这里的繁荣程度。

松溪梅口埠咏梅馆在设计上运用传统与现代相结合的理念，外围景观能师法自然而又高于自然，通过艺术手法对梅花文化景观的展示，来阐释中国源远流长的梅花文化，体现中国传统乡村民居建筑空间布局的古典风貌。展馆也同时作为松溪摄影优秀作品的呈现载体，目前展览作品主题为"最美古村落"。

水运馆是梅口埠里的重要场所。俗话说："要想富，先修路。"而这水运又是交通的重要组成部分。自从人类有了生产和商品交换，作为流通环节的水运便应运而生。随着劳动实践和生产力的提高，水运的方式不断演进，规模和范围也不断扩大。松溪的水运发展同样与社会、经济、文化的演变息息相关，充满着盛衰交替，一部水运史就是社会发展史的缩影。回顾历史，借古鉴今，不仅是告慰先贤、继往开来的大事善事，更是我们责无旁贷的使命。

"梅口古码头"，形成规模于洪武年间，历经了明初至新中国成立初期六百年的沧桑。古时上游、下游的船只都要在梅口码头靠岸停泊，每天有200多条商船从这里出发，仅专职码头工人就有400多人，商运主要有本地粮食、大豆、茶叶、香菇、笋干、松香等农副产品，都是作为闽北特色商品运往福州，福州的盐、布匹等日用品也运回此地批发交易。它是集建阳部分乡镇、浦城部分乡镇和松溪花桥、郑墩、祖墩等乡镇商品的集散码头，也是当时本县五座码头中规模最大的码头集散地中心，每天可停泊少则60-70只，多则上百只的木帆船，成为闽北河运最繁荣的商品集散地码头之一。

南宋以后，梅口码头是松溪县南北木帆船货运枢纽，土特产和浙江的棉花、布匹、日用品，多在梅口集散，日有木帆船上百余艘通过松溪梅口枢纽往来于南平（今延平）、福州等地。明清以后，梅口码头木帆船增加多艘，船民达到400多人。明清之际，河运更加繁盛，福州、永泰、闽清等县木帆船云集通济门道头装货，日达300-600艘；江西、浦城、水吉、松溪等地木帆船则在临江门、东仙门道头装卸货物。民国时期，建溪流域木帆船达到1206艘、3814吨位。1955年，建溪流域木帆船发展到1609艘、6237吨位，船工7526人。1955-1956年，建瓯、南平（今延平）等地大批木帆船支援铁路建设，从邵武莲花隧道至来舟铁路工地运送物资7.4849万吨、121万公里。但自20世纪50年代起，闽北长途货运已主要靠公路，建溪木帆船运输则以城乡交流和支前运输为己任。60年代以后，上游筑坝，许多航段碍航、断航，木帆船运输萎缩。1989年，尚在通航的只有建瓯至南平（今延平）56公里。

回顾50年代初期，梅口码头仍然是水路交通要道，当地群众出门和当地干部去福州等地出差，大多是从梅口码头乘船去的，直至1958年松溪公路通车，梅口码头才逐渐成为历史，古码头愈加呈现出一种怀旧之美。

（松溪县）

矮 桥

　　矮桥，又名兴隆桥，坐落在松溪祖墩乡严地村南部，横跨两岸青山和小溪瀑布之上，呈东南——西北走向，桥长26米，宽5米，高7.3米，面积130平方米。北边桥头有一座重阳庙，每年重阳节，全村的老年人，都要在这里聚会，举行娱乐活动。

　　桥的两侧分别长着两棵水杉树和一棵樟树。相传水杉树、樟树与桥同龄。这座桥由严氏起基，最初建于清代，后来廊屋在民国三十年（1946）三月初九日辰时重建，廊屋为硬山顶，抬梁结构，面阔9间，进深4柱，用柱40根，桥内梁架上装饰有八仙图及花卉彩画，桥中心西北侧摆设有神龛，供奉姜公元帅神像。传说有一天下大雨，涨洪水，姜公神像从山上的庙里被冲下来，冲到这座桥的小溪上。神奇的是，神像一直在溪里打转不走。严地村的善男信女想，这一定是姜公要保护我们全村人的安全，于是把它捞起来，立在桥的中间，以保佑全村人身体健康，平安无事。所以每年过年，这里的善男信女都要来这里祭拜它。

从东往西走，第一间桥屋里有一座香炉，桥的下面有一把官刀，传说这把官刀可以降妖避邪，至今还在。桥上廊屋两侧设有置　及木栏杆，供行人休憩。桥中的廊屋两侧，铺钉双层风雨挡板，在上层两侧的风雨挡板上，设计有扇形、圆形、心形的窗花，既可通风，又可凭窗观赏美丽的风光。

从下面小路仰望这座桥，仿佛古时的关隘，雄伟壮观。站在桥上，居高临下，有一夫当关，万夫莫开之豪迈感。

相传这座桥的前面是两座山，一座龟形山，一座蛇形山，每到晚上，两岸青山就合起来，到了白天才分开。有一天，有一个法师经过这里，听村民说起这种现象，于是出谋划策说要想把这座山分开很容易，只要用白狗的血洒到龟形的石头上，这两座青山到晚上就能分开了。果然，白狗血一洒下，两岸青山到了晚上就再也不合在一起了。后来，村民们为了从这座山走那座山，就建起这座矮桥，作为通道。

如今，矮桥的桥面改成了水泥铺设，桥的东南、西北两端改为砖墙。桥基为单孔、石拱，矢高2.7米，孔跨径5米。该桥整体保存完整，木构稳定，廊屋和石拱美观稳定，是松溪境内不可多得的古廊桥，具有一定的保存价值。

（松溪县）

黄捷元古宅

　　黄捷元故居又称"旗杆厝"，坐东朝西，土木结构，占地面积约650平方米，分为主屋400平方米、旁屋200平方米及后花园100平方米。始建于1840年前后，历时三年多建成。因主人在1857年乡试中荣膺贡生，得官府恩准在大门口立石碑，树旗杆，"旗杆厝"因此得名。黄捷元（1833-1890）为清代政和商界俊杰，其一生经营多项产业，尤以绿茶经营为主，其茶叶铺货至江西、福州、广东等地，素有政和城关城墙外东路首富之称。"旗杆厝"建筑风格为闽东南清代中后期建筑。大门前铺青石板，台阶五步和门槛门柱也用青石。大门上方牌匾"玉液汪波"四字，两只狮子托着牌匾，牌匾两边墙上各置一雕花瓶。匾下两只狮子及花瓶在"破四旧，立四新"时被毁。2017年古民居修复时重做，因工匠工艺所限，与原雕塑相比有天壤之别。

　　进大门抬头可见"文魁"二字牌匾，此匾系当年建宁府（现建瓯市）赐予，意即本村文化魁首。"文魁"牌匾下方有一正门，此门仅在节庆或迎接贵宾时才开启，平时只走两边的木拱侧门。

　　古宅建筑平面布局以三开间的三合院向前后纵深发展，这种"三合天井"的设计构思秉承"尊卑有序、主次有别"的传统观念，纵主横次，厅、厢配套，主体、附房分离。两侧厢房与大厅空间交接处有侧门为女眷专用通道（古代时候男尊女卑意识比较强，认为女子不能跨越大厅和大门，而两侧的侧门通常作为女子日常穿越屋内与外界的通道）。正房前后有双天井，设通风、采光、排水及卫生设施，排水于阴沟，满足"四水归堂，财源攘滚而来"的聚财心理。排水路径讲究宜暗藏，不宜显露；宜弯曲而去，不宜直泻而出。乃因"水为气之母，逆则聚而不散；水又属财，

曲则留而不去也"。屋内厅高堂阔，门窗木刻窗雕，尤以窗棂为最，窗户以透花格式为主，寄寓理想追求、向往美好生活。正厅神龛木雕为镂空雕，内容多取自历史人物、神话传说、民间吉祥动物花卉等。图案讲究精雕细刻，人物造型逼真，环境描绘贴切自然，寓意深刻气韵灵活，乡土气息浓郁，展现了丰富的文化韵味。整个建筑宽敞明亮，无不显示主人公的富有与高雅情趣。正堂一副木刻柱联和上方"寿考维琪"牌匾系黄捷元寿诞所赠寿品。

正厅柱础的石雕，其工艺令人叹为观止，屋内石雕、木雕艺术把屋宇烘托得富丽堂皇。据说仅正厅两边神龛木雕工艺就耗时360天，雕刻师傅一天雕刻下的木屑仅一袋土烟数量；正厅两边主柱八个石础的石雕工艺师耗时工24天。

正厅后面特制一口全石雕凿的青石石缸，石缸身直径1米多，能容16担水，此缸是大户人家生活用水之必备，亦承担起房屋消防之重责。

古宅的外部结构以高大的封火墙为主，俗称马头墙，闽东派建筑中的封火墙又酷似马鞍，亦称马鞍墙。白色墙体宽厚高大，造型别致，均高于内部木质建筑。它对防火、防盗、降温、防潮都有极其重要作用。房屋选址西门村两座宝山之间的东山脚下，坐东边对西边的金元宝，无不显示主人的用心，房子的白墙灰瓦，在青山绿水中十分的壮美。

（政和县）

西溪村的桥

"小桥流水人家"是西溪村旧时的写照。西溪村的溪属周宁赤岩梅溪的支流。从赤岩随古道沿溪而上，山重水复十余里，到西溪村再分支为西门溪和沙仔溪。西门溪直达西门村岭头，沙仔溪到大石岩再分源里溪到杨梅岭头和溪头溪到天柱岩九屯岔，总长四十余里。

有溪就有桥，沿溪有简易廊桥寨仔桥（唐时赤岩立寨故称）、下宅桥（七坪尾旧村址）到西溪村。西溪村中有四桥：上街头桥（最久石拱桥）、　头村的下洋桥（木头桥）、殿前桥（独木桥）、碓下潭桥。西门

溪上游还有新亭桥（石拱桥）。旧时，西溪的桥连接古道通往西门、洞宫，以及花桥、屏南、建瓯等地方。

碓下潭桥是西溪村的交通枢纽，桥面分三段，每段由四片木头铺成，凹凸不平，歪歪斜斜，胆子小的人不敢过桥。桥下是岩壁和丈余深的水潭。听黄家渊老人讲，此桥原是石板桥，民国初年一次大水把它冲毁，桥面石板全部落入碓下潭底。那次大水涨到屋子里，有一人多高，把溪边的房子全淹了。他家门前墙倒塌了，下栋楼被水冲了，楼里学生读书的课桌板凳等被水冲走漂到下头洋中了。

碓下潭里有很多鱼，各种各样的鱼都有。有一次村人捉鱼，把大便底打通了，把一个个大便 连接起来，像水渠一样把上游溪水引开，又把潭里的水排干，把鱼捉了。捉完鱼后，人们发现潭里很多石板条，又把石板条一根一根抬上岸来。

桥的东侧小亭被水冲了，剩下一个空坪，叫"亭仔坪"。亭仔坪边旁有一块石碑，记载当年造桥的情况。1966年"文化大革命"破"四旧"，石碑被连坑村红卫兵摧毁，现无法查考。据传，此石碑后来又找到，但被埋到水电站井底了。

20世纪80年代，由政府拨款在桥的原址上建成现在的石拱桥，取名"朝阳桥"。桥长三十余米，桥面宽四至五米，桥离溪面较高，人们过桥得登四至五步，才能到桥面。

此桥位于全村中心，人们常常聚集在桥面上散步看景。我曾几次到桥面观望，"远水连天泓碧绿，近山拔地玉嶙峋"，杨厝、 头两岸人家炊烟袅袅。俯视桥下，流水哗哗，涟漪泛起。我被陶醉了，在默默地遐想，西溪同坂头花桥一样是福地洞宫山的门户，如能借得"东风"，将此桥面再拓宽，建造一幢华丽的殿式"芙蓉楼"或叫"得月楼"，刻古贤、今人诗文书画其上，作为全村标志性的建筑景物，同坂头花桥并驾齐驱，那该是多好啊！

（政和县）

第三部分
乡情乡恋

延平九峰山金交椅胜境

延平九峰山位于闽江、建溪、富屯溪三江汇流处，是闽江起点第一山，与市区隔溪相望。山有九座峰，山势由西北向东南，自下而上，连绵成一字形，一峰比一峰高，九峰重叠，因而得名。九峰山之美，美在人文历史。九峰山文物众多，是名人留迹的游览胜地。山的北麓有地名"金交椅"，背山面对闽江，"椅"内有座"圆通寺"，传说元朝陈友谅祖墓择葬于寺后，认为是块风水宝地，

话说元末陈友谅从小就想当皇帝，可是他在延城（今延平）只当个地

方官，多年的夙愿不得以偿，便请了算命先生占卦。算命先生说他的八字挺好，就是祖上风水不佳，要是有好风水庇荫，必定名利双辉。陈友谅为这桩事而日夜苦恼。

有一天，陈友谅听说有个远方来的地理先生，精通五行，闻名四海。他命差使把地理先生请到府里，要求地理先生替他父亲观测一穴风水最好的墓地，有劳之处，重重酬谢。地理先生应允了他的请求，早出晚归，跑遍了延城的所有山川，终于找到了一个位于闽江、建溪和富屯溪汇流处的九峰山临江山谷，那山形似一把靠背椅。他施个心计，取名"金交椅"。他高兴地来到府衙对陈友谅说："我曾寻到一个独一无二的好风水穴位。"陈友谅半信半疑地问："在哪里？请先生说吧！"他说："远在千里，近在眼前。"陈友谅问："这话怎讲，请先生直说吧！"他胸有成竹地说："九峰山下有把'金交椅'，福地福人归，谁坐此'金交椅'，他下一代就会出皇帝。"陈友谅听罢正合心意，不禁喜出望外，忙问："何以见得呢？"于是这位地理先生就带陈友谅搭渡过江到九峰山下"金交椅"去实地观察。他指着九峰山的九个巍峨耸立的山峰说："这是元帅靠的九把旗杆。"又指着富屯溪闪光的流水说："这是文官的玉带环腰。谁埋在这个穴位，他的后代必定文武双全。"他讲得活灵活现，陈友谅闻之喜笑颜开。

这时，建溪撑来几十艘木帆船，船工们划着桨，一仰一俯，远看似一跪一拜。地理先生又说："你看那来往如梭的船只，艘艘要过'金交椅'，舱上船工的一仰一俯，这是向皇上的朝拜。"他能说会道，讲了一整天。不知不觉，夜幕已降临，延平城内万家灯火更是好看。他欣喜地说："老爷，你看！"陈友谅心想，这有甚好看的。他说："对岸城里火光是什么？"陈友谅说："那是灯火。"他说："不，那是圣殿上的明灯，这真是'日受千人拜，夜享万盏灯'啊。谁坐上这把金交椅，他的后代一定出皇帝。你将先人的尸骨放入穴内，只要对空三拜，大哭三声，就会从东方飞来一石板，将穴盖上，这里是龙穴啊。"陈友谅喜极心醉，垂涎三尺。看看天色已晚，便回府叫家丁拿出许多金银酬谢地理先生，地理先生收了银两金帛辞别而去。

第二天，陈友谅命差使派民夫五百，在"金交椅"上动土做墓。完工后，陈友谅带父亲到墓地观察，对他说了这个穴位风水如何如何的好，并问他故世后埋在这里如何。他父亲高兴地说："可以可以。"谁知陈友谅做皇帝心切，正当他父亲答应可以的时候，心头一横，把他推下墓穴，立刻对空三拜，大哭三声，果见东方飞来一石板，盖住了墓穴，把他活埋了。他父亲在棺材里面破口大骂："你这个不孝的畜生，丧尽天良，你就算当上皇帝，也是个短命皇帝。"这下风水被破了。

事后，陈友谅心想这下可以做皇帝了，可是左等右等还是当不了皇帝。他急得去找地理先生，问他说："我父亲都埋下去这么久了，为什么我还不能当上皇帝？"地理先生说："你别急，我们一起到墓地看看。"两人一到墓地，只见墓上乱草丛生，这个善于舌辩的地理先生说："你看，墓头若是生菰就是孤王能当皇帝，现在长的是草，你只能当草头王了。"陈友谅只好听天由命。

陈友谅想当皇帝的事一传十，十传百，传到了朝廷，被下令缉拿。他无路可走，只好率领农民起来造反。由于反抗朝廷深得民心，节节得胜，打了半个中国。

这个"金交椅"的传说一直传到解放初期，还有人仍然在九峰山上"金交椅"穴位上做墓。如今"金交椅"四周已被开辟成九峰山公园金交胜景。在"金交椅"处，仍然保留传说中陈友谅埋葬父亲的那座无字墓遗迹。

（延平区）

跋山涉水挑积墨

一个初秋的下午，一群人，有六七人，有老有少，各人挑着一担油漆木制小桶，从南平市建阳区书坊乡出来，沿着公路，风尘仆仆地走向远方。

这些人是谁？挑着什么？为什么到这里来？经过一番打探才知道，这些人是江西省抚州市一带民间印制通书的匠人，他们挑的是书坊乡积墨池的泉水。往返千里为挑水，这一习俗，已经延续了几百年。

建阳刻书，历史悠久，源远流长。唐代末年，北方战乱，雕版印刷刻书世家江苏余氏和陕西刘氏，避乱南迁，加之宋代赵氏王朝提倡文治，书院林立，推动了刻书业的发展。建阳刻书鼎盛于南宋，直至元明。建阳刻

本史称"建本",与"浙本""蜀本"为我国历史上三大印刷中心。南宋祝穆《方舆胜载》记载:"麻沙、崇化两坊产书,号为图书之府。"元明时期,崇化(今书坊)刻书超过麻沙,尊为"书林",至今保留"书林门"。当年书坊"比屋皆鬻书籍,天下客商贩者如织,每月以一、六日集"。"版本书籍,上自六经,下及训传,行四方者,无远不至。"(明嘉靖《建阳县志》)

书坊古邑乡民多达三万,"以刀为锄,以版为田",咫尺书林,书坊林立,有二百家刻坊,印书余墨,沿坡南流,汇集在云衢桥河滩洼地,日久成池,池水乌亮,满城幽香,名曰"积墨池"。

几百年后,在江西省抚州市金溪县浒湾镇,雕版印刷异军突起,成为明清四大雕版印书基地之一,刻印的内容与建阳书坊曾经刻印过的内容大致相同,略有发展,可见存在历史渊源。2019年,浒湾书铺街建筑群被国务院核定并公布为第八批全国重点文物保护单位。

浒湾刻书匠人始终认为,雕版印刷刻书的祖先在建阳书坊,于是千里迢迢前来拜谒祭祖,并提取积墨池的泉水,挑回去和墨。此时的积墨池水已经不是当年乌黑发亮的墨水,而是石缝中涌出的清泉。早年就有进京赶考的学子,专程前来取水,以求吉兆,祈盼笔下生辉,高中皇榜。当然,还有刻书匠人取水做种,据说和墨时,滴几滴积墨池的泉水,印刷时墨汁不会洇开,印出来的书籍也能"纸墨精莹,光彩照人"。

专程前来建阳书坊祭祖挑水的习俗,一直保留到20世纪80年代,才逐渐淡出人们的视野。

(建阳区)

闽北民间"收惊"习俗

  福建省闽北一带，至今还在民间流传着用"收惊"这一古老之法来医治受到惊吓的儿童。只是"收惊"方式在各乡村不尽相同，有念经法，有念咒语法，有用鸡蛋包铜钱法，有拜佛拜菩萨法，但这些都大同小异，都属于心法。南平市建阳区漳墩镇民间至今还采用以念《收惊经》的方式来"收惊"。

  日常生活中，常有年幼童孩受到惊吓，导致"失魂"而哭啼不止，甚至发烧。乡村郎中往往无从下手，不知治法。在这种情况下，当地百姓就把祖上留下的念《收惊经》的收惊法派上用场。

  此法需三人配合并同行。在念《收惊经》时，用一小瓯盛满白米，取

受惊童孩用的手帕或该童孩衣物一件，与收惊符一起用红头绳将小瓯口包扎起来，放入四角提篓，同时还要备足黄纸、清香、冰糖、茶叶和鞭炮，一块放进四角提篓。然后点上一枝香，由其中一人左手提篓，右手举香，跟随后面，诵讼着：

> 一枝清香请神娘，
>
> 二枝清香请二娘，
>
> 三枝清香请九娘，
>
> 九娘拥兵又拥将，
>
> 三岔路头兵三岔路头将，
>
> 三岔路头叫三魂，
>
> 三岔路头叫七魂，
>
> 三魂七魂叫转回在身，
>
> 运气不顺得安眠，
>
> 头上惊我收出，
>
> 身上惊我收出，
>
> 脚上惊我收出，
>
> 某某回来回来回来跟你依呀（妈妈）。

另外两人把谷箕翻过来，分别站在左右边各拿着一角，走在前面边走边上下摇，口中念着《收惊经》。三人同行，往童孩在村庄近日走过之路重走一遍。当遇到三岔路口，便往更为沉手一边那条路走。走着走着，当两人同时突然感觉谷箕很沉手时，说明就在此处受惊"丢魂"，即刻停下，就地边念《收惊经》边烧纸，然后把纸灰包起带回，随后放一串鞭炮，并呼"某某，家来了"，之后打道回府。在回来的路上，不忘继续念经，还要呼喊"某某，家来了"。到家后，把刚才的小瓯放在受到惊吓的童孩身上来回拖推几下，再次呼喊"某某，家来了"。此时童孩回答"回来了"，若是婴幼孩则由父母代答。最后，把所带回来的纸灰冲开水让童孩喝下，用弃掉的灰底抹涂到童孩额头与肚脐上，把小瓯中的米一部分撒在大地上，另一部插上一枝点燃的香，置于家中的供桌上。往往就这样受到惊吓的"失魂"的幼童竟然奇迹般地"还魂"了。

用念《收惊经》之心法来收惊，如同涓涓流水，在民间中一直流淌着。漳墩桔坑村民张应玉（68岁）祖传《收惊经》已有500多年，她家祖房建于明代嘉靖年间，当时家中就有《收惊经》，被当地村民认定最为正宗，以手抄本的方式在当地广为流传。乡村民俗居士张友生用当地方言朗读起来十分押韵，如同山歌般地悠扬。该《收惊经》全文如下：

天神来收惊，地神来收惊，

王母七娘来收惊，三位大奶来收惊。

收得

鸟中惊鸟中出，鼻中惊鼻中出，左耳惊右耳出，左眼惊右眼出，三寸咽候惊三寸咽候出，肠里惊肚里出，肚里惊肺里出，脑里惊肝里出，心肝五脏都收出。

收得

左路惊右路出。床前惊床后出。灶前惊灶后惊，大喊小闹惊，打墙打壁惊，竹鞭柴火惊，掌鞋拉踏惊。

年上惊，月上惊，时上惊，村头水尾惊，街头狗吠惊。三十六惊都收出，奴奴都不惊，安眠心宿到天亮，全平清吉保平安。

（建阳区）

台上村的红军宿营地

邵武市城郊镇台上村，四周环溪，位置突出，像停舶在水上的一条大船，坐东朝西。远望该村，像一个戏台，故而得名。台上村位于邵武城厢西南，与沿山镇相邻，历史上为永城上乡四十七都之地。

土地革命时期，中央工农红军曾八次从江西进入邵武金坑等地，有三次经沿山向西南方向的邵武县城挺进，台上村是必经之地。台上村东头沿古山溪有一排樟树林，见证了这一段红色历史。

1931年6月，毛泽东、朱德率工农红军攻克建宁，全歼守敌刘和鼎的两个团之后，朱德、彭德怀等率工农红军一方面军第三军团从江西进入邵武

边界，在金坑建立区、乡苏维埃政府并攻占沿山，从西南向邵武城区推进，工农红军部分战士在台上村驻扎。据当年目睹这情景的老人说，这些红军没有进村，更没有骚扰乡民，就在台上村头的樟树林下席地而坐休息，晚上就在樟树下宿营，大地当床，露天而卧。村民当时见到当兵的就害怕，不敢跨出家门探听消息。待工农红军离开后，村民才知道这支秋毫无犯的队伍是红军，是老百姓的军队，与那些欺压、敲诈民众的官匪不一样。红三军不久攻进县城，解放邵武。由于国民党对中央苏区发动第三次"围剿"，工农红军占领邵武半个月后，进行战略撤退，主动离开邵武城区，经沿山，向金坑退守，返回江西苏区，投入反"围剿"的战斗。

1932年10月12日，中央工农红军一方面军在江西召开军事会议，在朱德、毛泽东、周恩来的主持下，制定《红一方面军建（宁）黎（川）泰（宁）战役计划》。10月16日，红一方面军从江西广昌分路向建宁、黎川、泰宁、邵武进发。红一方面军第十二军三千余人，在军长罗炳辉、政委谭政率领下，从江西到达金坑，队伍驻扎沿山一带。当时台上村也有红军队伍进驻，没有进村，部分百姓闻讯，端茶送水慰问。村头的樟树林再次成为红军的宿营地。第二天，红军队伍开拔投入进攻邵武县城的战斗。经过一番浴血奋战，10月22日，第二次解放县城。在宝严寺召开大会，宣告成立"邵光县革命委员会"。国民党政府十分惊慌，调集重兵围攻邵武县城。红军战士面对强敌，英勇奋战。在敌众我寡的战势下，12月1日，工农红军撤出县城，从城西南撤退，经台上村，向沿山、金坑转移，进入江西根据地。

为了粉碎蒋介石发动的第四次第二阶段的"围剿"，打败国民党"分进合击"的战术企图，中央红一方面军三万余人回师中共苏区。途经邵武金坑时，计划第三次解放邵武城。1932年12月13日，在朱德总司令和周恩来总政委的率领下，工农红军部队分别驻扎古山、台上、芹田、鹤林坪、王亭等地，红军司令部设在古山村地主何大京住宅。毛泽东此时也随部队到古山，协助周恩来工作，前线指挥部设在城西南的旗山。台上村入驻大量红军战士，在寒冷的夜晚，露宿在民房屋檐下或门口前及村头樟树下。部队官兵严明纪律，未入村民家中，不打扰村民正常生活。14日拂晓，红一方面军从西南方向围攻邵武县城，经过三昼夜的激战，仅击溃六十一师一部，红军未能攻下县城。为了保存实力，防止腹背受敌，红一方面军司令部发出《准备回击黎川的命令》，果断停止围攻，撤出战斗，从旗山取道台上、古山、金坑、光泽转移到江西黎川。

台上村的樟树林，曾是红军的宿营地，是红色历史的见证者。这支纪律严明、英勇善战的红军队伍，为拯救苦难的民众，推翻黑暗的统治，进行艰苦卓绝的斗争，留下可歌可泣的历史篇章。红军精神要弘扬，革命传统要继承，革命战士永远值得人民怀念。

（邵武市）

河坊抢酒节

公元589年，隋军南下灭陈朝，统一了中国，结束了自西晋末年以来中国长达近300年的分裂局面。隋文帝杨坚励精图治，虽开创了开皇之治的繁荣局面，却总扰于散落于周遭的蛮夷作乱。文帝为安抚南蛮，防止土著作乱危害百姓，便派遣兵部尚书冯世基将军，率领10万兵马南下。

冯世基将军才华出众，颇有干略，戎马多年，曾听闻三国时蜀国大将赵子龙征战一生，神勇无比，全身却无一处受伤的事迹，不禁钦佩万分，遂将赵子龙奉为偶像，以赵将军的生平事迹鼓舞将士。加上手下隋军将士们训练有素，兵器、战甲等装备精良，不出多时便顺利镇抚蛮夷，平镇一方。

相传冯将军在平靖邵武时，便发现邵武东区壕坊村属于为桃溪冲积平原，地质平稳、物质丰富、沃土肥田。于是他便指着这片土地，对自己的子侄说道："你们瞧，这一片土地，有山有水，如果我们合理开垦，必能养育一方水土人情。你们现在已经有能力带兵，就让一部分将士跟着你们，你们好好与本地百姓交流，齐心协力开垦出农田吧！"说完便下令，让子侄领一万二千兵马屯驻在闽北重镇邵武，等安排完一切之后便带领其他将士回洛阳复命去了。

春去秋来，等到冯世基将军再次来到壕坊村时已经是十多年后的九月初一。当时他正奉命南下视察民情，看到壕坊一片热闹，农田里人来人往，一派丰收的景象，赵子龙将军庙香火鼎盛，便知道子侄不负自己的期望。于是他命令手下，开始奉祀赵将军。

当时正值新开垦的稻田大丰收，屯驻壕坊的军民们杀猪宰羊，农人家家户户都新酿造了好多红酒与屯垦的将士共庆丰收。军民们见到冯将军在奉祀赵子龙，纷纷抬了大桶的红酒前来，红酒摆了遍地，只为感谢当初冯将军镇抚蛮夷，开垦荒地。当众人正打算向冯将军敬酒时，冯将军说道："我们在这里屯垦，任务就是安邦定国，应当居安思危，随时准备战斗。赵子龙是位神勇将军，他的忠勇是我们的楷模。我希望我们每个人都能像赵子龙赵大将军那样浑身是胆，英勇善战。所以这第一杯酒我们还是先敬赵子龙赵大将军吧！"在场的军民听后，纷纷揣起酒碗，也不分面前那些盛满红酒的酒桶是谁家的，便争先恐后地抢着去舀酒向赵子龙神像叩拜敬酒。从此以后，这一"抢酒"活动便在壕坊沿袭下来形成习俗。

如今一千四百多年过去了，历经朝代更迭，"壕坊"逐渐变成了"河坊"，唯一不变的就是那沿袭1417年的每一个农历九月初一，这儿的人们都会聚在一起，怀着虔诚的态度抬菩萨、祭祀、祈祷、念经、抢酒、带福气、吃斋饭、宴宾客，成为全国独有的地方性节日——"抢酒节"。

（邵武市）

家乡的"修路节"

我的家乡流传着一个古老风俗——"修路节"。

修路节也叫修路日。相传远古时，武夷山五夫一带竹蝗、笋蝇为患，成片的竹山荒芜。一日深夜，族长正在祷告，恍惚间有长髯老者立于堂前，双手合十道："山人来自大王峰西，此处山高水隔，路断桥损，山货无法输出，油盐难以运入，乡间苦不堪言。如今虫豸肆虐，笋死竹枯，皆因路起……"族长起身正要讨问治虫之法，老者已飘然而去。他连忙叫醒族人，点起火把连夜上山修路。待到天亮时，只见荒山上竹泛绿、笋出土。原来虫灾早已去，青山依旧在。

从此，大王菩萨能逢凶化吉、遇难呈祥开始在乡间流传开来。

顾名思义，修路节就是修桥补路、清理沟渠、清除杂草之类。节日没有准确的日期，大都在每年农历七月底和八月初之间。由乡民自发组织，牵头者谓之为"会首"。"会首"由乡人轮流担任，筹划节事中的迎佛、修路、乡宴等活动。

修路节在乡人的心里是与春节同等重要的节日，每到此时不论是身在他乡异国，还是地角天涯，不论是宦海沉浮的臣僚，还是日进斗金的商贾，或是放荡不羁的游子，都怀揣着儿子对父母的孝顺，父亲对儿子的思念，丈夫对媳妇的缱绻，风尘仆仆地回归到这片魂牵梦萦的土地上。一样赤脚单衫，一样执刀荷锄，汇入修路人的洪流中。

节事的筹资约定俗成，多折实物充抵，一般为大米五斤。由当年年龄逢一、整拾、结婚、生子的男丁捐资，不足部分由积德行善者或会首补齐，但可重复计算。在白水岭山村墙头贴着一张"2008年修路节捐助名单"，有一汪姓男子恰逢今年"年龄整拾，结婚又添丁"，故而适用了

"重复计算法"，捐助了"大米五斤、柴火一担、黄豆一斤、酒一瓶"。账目往来记入专用册簿，来年交于下任会首，结余转入下届使用，账目当日张榜公布。及时准确、公开透明，十分有趣。

最热闹的当数傍晚的"修路饭"了。会首为慰劳和酬谢修路的乡人，在沿村大路一字排开筵席，宰杀肥猪、打麻糍果、做豆腐、灌大肠，抬出整瓮的家酿——"十月白"，让修路人吃个高兴，喝个痛快。辛劳了大半年的乡民们，大碗喝酒，大口吃肉，席间或打情骂俏，或猜拳行令，或举杯邀故旧，或把酒话桑麻，任由闹腾，直至个个酒酣耳热，家家扶得醉人归。

修路节岂止仅仅是修桥补路，不消说，修的自是心灵，修的自是心路……

修路节到底出于何时？是哪位乡贤所首倡？想必是一位学养深厚的智者。他把向善包容的人生哲理传布于平凡的节事，嵌入乡人记忆，融入乡人血液。在漫长的岁月里，聚拢民心，呼唤淳朴，摒除忤逆。潜移默化地、年复一年地修复着泯灭的良知和扭曲的灵魂，修复着淡漠的亲情和日下的世风。

（武夷山市）

五夫龙鲤戏

五夫有句"饿着肚子看龙鲤戏"的老话,可能是乡村晚饭一向都迟,吃完晚饭就赶不上场的缘故。为看一出戏连饭都可以不吃,可见对其痴迷的程度。

龙鲤戏,古称莲鱼戏,主要是举着鱼灯组成各种队形,演绎各种动作,故也称举鱼仔。每年收冬过后,乡人就用篾丝编扎骨架,以绢蒙面,着色彩绘,置上烛火制成鲤鱼灯、牙旗灯、水纹灯、龙门灯,再配上锣鼓、唢呐。一俟夜幕降临便穿街走巷,或庙宇祠堂,或教坊学馆,或官宅民居满世界舞。以此来抒发丰收的喜悦,再现种莲、采莲、养鱼时的劳动场景,寓意来年"莲(连)田(年)有鱼(余)"。

五夫青山如黛,坂田连片。因有潭籍两溪环绕,亦名潭溪、籍溪。自晋代开邑以来就田里种莲,莲下养鱼。在柳永读书的遇仙桥上至今还留有"接天莲叶无穷碧,映日荷花别样红"的楹联,足见当年种莲之广。每当采莲时节,莲蓬摇曳,歌声飘荡。嬉嬉钓叟莲娃篙儿轻点莲舟,"恐沾裳而浅笑,畏倾船而敛裾",活脱脱一幅王昌龄《采莲曲》中"荷叶罗裙一色裁,芙蓉向脸两边开。乱入池中看不见,闻歌始觉有人来"的景象。

带着"连年有余"的祈盼,莲鱼在乡间间游弋数百年后,一个机缘,莲鱼戏被一个人赋予了"鲤鱼跃龙门"的寓意而演化成为龙鲤戏,这个人就是朱熹。

清乾隆五年(1740),邑人王和金口述,江用中撰写,胡绿奉绘画,完成了《五夫龙鱼戏要略》一书,书中记载了朱熹登第那年的六月,一行队伍吹吹打打来到紫阳书堂前。报录人高声念道:"捷报,贵府老爷朱熹,绍兴十八年四月三日殿试,高中王佐榜第五甲第九十名,京报连登黄

甲……"待刘勉之和胡宪急匆匆从内五夫里赶到时，报喜的官差和围观乡人早已散去。两位肩负亡友之托老人，反复抚摸着早已升挂在厅堂的报帖，神情激动而凝重，胜似当年自己登第。

是日，如释重负的刘胡两位恩师做东，在府前海棠洲刘氏庄园的草坪上摆下"路宴"，庆贺朱熹金榜题名，答谢各位乡亲，藉以告慰早已长眠在九泉之下的朱松、刘子羽和刘子 。席间，乡人以莲鱼戏助兴。终了，仍余兴未尽。于是，在莲鱼戏中加上鲤鱼跳跃状，寓"鲤鱼跳龙门"之意。不想却大为乡邻喜欢。久而久之，莲鱼戏也就从原来简单的莲鱼游走嬉戏演化成了今天的龙鲤戏。也就是从那时起，每逢乡中士子入贡应试或中举登榜，都要舞上一番，以此来奖掖后学，激励五夫学子。

从此，五夫争名斗学之风日盛，大放异彩。詹揆、彭路、翁德舆状元及第，七十多人金榜题名，一百多人载入典籍，五十多人得到朝廷和皇帝封谥，一品大员或封疆大吏更是层出不穷，使五夫"执全国学术之牛耳而笼罩百代矣"。

古时，内五夫里和外五夫里并称五夫，走出了胡安国、胡寅、胡宏、胡宁、胡宪的"一家五贤";柳三复、柳三接、柳三变的"柳氏三绝";刘　、刘子羽、刘子　、刘珙的"三忠一文";翁仲通、翁彦约、翁彦深、翁彦国、翁延庆、翁蒙之的"六桂联芳";吴　、吴　、吴挺的"吴氏三雄"。这些名声远播的簪缨世家，以修身齐家治国平天下为纽带，联成璀璨的星座，在浩瀚的历史长空里闪烁着夺目的光辉。

漫步五夫街头，牌坊、门楣、栋梁、斗拱，墙头之上，抱鼓之下，极目尽是龙鱼饰件，宛若置身于龙鱼的世界。尽管一千多年过去了，我们仍能看到从窗棂透出的夜读灯火，仍能嗅到书卷中弥漫开来的阵阵芸香，仍能听到总角蒙童"祖宗虽远，祭祀不可不诚；子孙虽愚，经书不可不读"的琅琅书声。想必龙鲤戏早已融入血液，潜入灵魂。否则，又怎能耐得住这扑面而来的浮躁与功利、喧嚣与繁华；又怎能在这漫长的岁月轮回中不离不弃，即便是饿着肚子也不能误了看龙鲤戏。

（武夷山市）

我家门前的清献河

崇安童谣：

　　　　清献堤下清献河，清献河上清献桥。

　　　　清献桥顶清献亭，清献亭傍清献祠。

　　　　清献祠里清献梅，清献梅下清献碑。

　　在崇安（今武夷山）不知有多少孩子伴随这支首童在褓褓中入睡，也不知多少孩子伴随这支首童长大。

　　童谣里的清献河，清献堤、清献桥、清献亭、清献祠、清献梅、清献碑，这些实实在在的桥、亭、祠、堤、碑、梅，早已随着历史没入烟尘之

中。只有清献河虽跨越千年，至今仍汩汩流淌。

这里的"清献"，就是北宋名宦赵　。

赵抃，字阅道，宋康定初（1040）知崇安县事，主修临安坝、乌龙坝，开渠陈陂湾，溉田万亩，谥清献。民国《崇安县新志》记载："庆历初，尝出劝课，见南郊土旷废耕，询其故，曰'无水利也'，乃相度地势，于治西五里许开陈湾陂，筑石堤，引水经石雄达南部，溉田数千顷，邑人谓之清献河。"

清献河穿城而过，沿河两岸住满了人家。人们厮守着清献河开始日复一日，年复一年的日子。

清晨的清献河充满静谧与羞涩，薄雾轻笼如美人身上的轻纱缭绕在河面，给人以朦朦胧胧的感觉。随着家家户户依呀依呀的开门声，清献河充满生气的一天开始了。生长在清献河两岸的人们世世代代遵循一个不成文的规矩，黎明时分女人们是不能出门的，早起的男人们在清献河的小码头挑水，像是怕打扰河神似的，照面时不必打招呼，一个眼神或轻哼的一声就算礼数到了。怪异的习惯更增添清献河神秘的色彩。看到那鹅卵石路上留下的一行脚印、两行水滴，这水滴从码头或井旁开始，又相聚到岸边大路，再从大路分岔到小巷，一直延伸到各自家中。

早饭后的清献河成了妇人的天下，被禁锢的妇人仿佛只有到清献河才能得到释放。她们有事没事都要在沿河两岸码头上一字排开，洗刷着锅碗瓢盆和衣服，一边交流着"赵家和钱家的锅碗瓢盆""孙家和李家婚丧嫁娶""周家和吴家小媳妇怀孕""郑家和王家换锅仔（崇安旧俗）"。此时的清献河又是那样的豁达与直白，令人一览无余。

如果是夏日，清献河是童孩们的世界。河道里挤满了光着屁股的童孩们，犹如沸水锅里的饺子，一个挨着一个，这是城邑童孩最快乐的时光。打水杖、摸螺蛳、抓小鱼，有时将偷来的西瓜、桃子、李子等在这里交换，藏在岸边的石洞里，边玩边吃，一直要玩到手脚发白两眼发红。看着满天都是烟雾，广播里响起《歌唱祖国》的乐曲，大人们在家里高声喊道"回——家——了"，他们才会一窝蜂赤条条地爬上岸。

清献河最美的当然是夏日的夜晚，繁星飘浮在水中，伴着涟漪随河水流走。劳作了一天的男男女女，拖着倦怠的身子，穿着肥大的裤头或摇着蒲扇，或坐门墩，或坐矮凳，或者躺在河檐那早已凉透的条石上，听着老人讲"县官丈量清献河""县城过兵"等故事。

等到河风吹到身上有一丝丝凉意时，人们会相互道别，接着便是关门和闩门的声音，清献河两岸又恢复了宁静。

但清献河并没有停滞，汩汩的流水还像往常一样，带着男人们的鼾声，带着女人们的梦呓，带着孩子们的希冀，流过大街的暗沟，小巷的明渠，流到了田畈，去滋润那广阔无垠的田野和这座不朽的城池。

感恩清献河，感恩赵清献。有了你才有了春风里的墨绿，秋日里的金黄。

（武夷山市）

沐雨栉风朱子巷

朱子巷为五夫街的一条岔巷，由卵石铺砌，因朱熹当年常行其间，故称朱子巷。乡人也称朱始巷，取其"朱子自此始"之意。

绍兴十三年三月，朱松病逝于建州环溪精舍。翌月，朱熹尊亡父之命，投靠五夫刘氏。那是个乍暖还寒的日子，一家扶柩由建州溯溪而上。重孝在身的朱熹伫立船头，任由波涛拍打着船舷，凝视着瘦骨嶙峋的纤夫匍匐在地，吃力地拉着纤绳。嘶哑地喊着"穿急流哟，过险滩哟，逆水行船几多难哟；顶烈日哟，冒严寒哟，迎风踏雪向前行哟"的船工号子。朱熹想起了父亲，想起了即将到来的寄人篱下的日子，两行热泪沿着那稚嫩的脸颊滚滚而下。随着两岸青山向身后渐渐退去，也不知过了多少潭，过了多少滩。三日后，抵崇安开耀乡五夫里七金桥码头，寄居刘子羽家。

从此，朱熹就踏着这条弯弯曲曲的碎石小径，开始了日后连他自己也无法预知的人生旅程。只是他这一走，竟走出了个旷世大儒，走出了个"后孔子主义"；走出了个"历数唐尧千载下，如公仅有两三人"的巨擘。

十四岁的朱熹每天要从府前村的紫阳书堂，穿过朱子巷到刘氏家塾就学，师从刘子翚。绍兴十七年八月，十八岁的朱熹举建州乡贡夺得榜首。次年，娶刘勉之长女刘清四。不久又赴临安省试中举，四月参加殿试，以王佐榜第五甲第九十名中举，赐同进士出身。绍兴二十一年，参加铨试授迪功郎。绍兴二十三年七月，长子朱塾出生。紧接着任泉州同安主簿，开始了宦海沉浮的岁月。短短几年中，洞房花烛，生子添丁，金榜题名，出仕加官。往返期间，朱子巷可谓风光无限。

在长达五十余载的漫长岁月里，朱熹或江浙拜师求学，或湖湘讲学论道，或鹅湖格物穷理，或临安入朝奏事，或乡间体察民情，朱子巷那数不清的离去与归来。其实，朱熹也走进了那个自己很难格入的世界。

很快，任上的朱熹因"经界"而触犯权贵。冲突中朱熹败下阵来，被罢职还乡。不到三十岁的朱熹奉祠潭州南岳庙，四年出仕就这样结束了。此后虽有短暂的复出，却又因"耿介之性，终不能改"，而屡遭权佞的排挤和诬陷。最后一次是绍熙五年十月，任御前侍讲的朱熹，用"但崇空言，不服实行"来"面责宁宗"。宁宗皇帝勃然大怒，以"朱熹迂腐，不可再用"而逐出宫门。终其一生也仅仅"仕宦九载，立朝四十六天"，空怀"为天地立心，为生民立命，为往圣继绝学，为万世开太平"的壮志。只能再一次沿着朱子巷回到紫阳楼里，"永弃人间事，吾道付沧洲"了。

庆元五年，又是一个乍暖还寒的时节。行将就木的老人最后一次回到五夫，踟蹰徘徊在朱子巷里。恍惚间，似乎听到当年建溪乘舟时的船家号子："穿急流哟，过险滩哟，逆水行船几多难哟；顶烈日哟，冒严寒哟，迎风踏雪向前行哟……"朱熹丢弃拐杖，踉踉跄跄来到五十多年前登岸的七金桥古码头，呆滞地望着东去的潭溪，想念前情不觉泫然泪下……

据说，朱熹出生时朱松曾言，人生如逆水行舟，充满风波险阻。朱熹也以此自号"逆翁"。回想他一生的曲折与坎坷，七十年前的一句戏谑之言，不想竟一语成谶。

朱熹那刚直不阿的性格如果能够藏匿一些，何必去"正君心，清君侧"，何必去"存天理，灭人欲"，何必去"劾贪官，革时弊"，稍微"活泛"一点，稍微"灵光"一点，稍微顺应一下时事与潮流，以他那绝世才华，或许早已飞黄腾达了。

不过，倘若真是那样，就不会有朱子巷，也不会有朱熹朱文公，更不可能在千载之后，人们仍能心驰神往地来到这里，与这条百米小径聚首……

（武夷山市）

南路水仙的传说

"南路水仙"名称的由来，是因为这种水仙茶主产地南雅镇在建溪之南，属建瓯的南河片区，所以叫"南路水仙"。南路水仙名称的由来有很多，流传很广的两个传说是太平军弃戎从农和狐仙"南露"的故事。

传说"南路水仙"的创始人叫林祖孝和李引裕，他们都是南安县梅山镇人。南路水仙进入历史视野，是在一个朝代气数将尽的当口，清末太平天国军队横扫天下之际，直望闽北而来。这支部队为首的是蜈蚣精，进入建安之前，蜈蚣精便去占卦卜问神人，得到的指示是，他们只能打到南瓦口太平村鸡公岭，路程就这么长。过鸡公岭就是太平村了，至此当止息干戈，化剑为犁。后来，他们打到这里，这支名叫太平军的队伍望一眼前面的太平村，果真停下了脚步。险峻的鸡公岭横亘在面前，仿佛是某种召唤，某种昭示。于是林祖孝和李引裕这一帮闽南人就在这个叫白莲寨的地方结草为舍。这样就有了一个名叫"新建"的村庄，这地名是对在这块土地上筚路蓝缕的一代人的最好纪念。后来，林祖孝创办了自己的茶场、茶庄，茶庄名"林长兴茶庄"，同时他

为了纪念太平天国南路军，还给自己的茶取名叫"南路水仙"。从此，"林长兴茶庄"的"南路水仙"远近闻名。经过一百多年的传承，南路水仙备受茶人青睐。新中国成立前，南路水仙就已成为远销厦门、广州、香港、东南亚各国的茶品宠儿。

又传说很久以前有个千年狐仙，云游到南雅白莲寨，见此地风景殊异，心下欢喜，便在此小歇几日。不想这一歇竟成就了一桩佳缘。白莲寨上有一小片茶园，村民阿朗每天天一亮就去侍弄茶园，直到太阳落山才回家。看着这个勤劳善良的帅小伙，狐仙竟喜欢上了，于是化身变作一个名叫"南露"的姑娘，与阿朗结识，一起耕作。阿朗的茶树因此日益葱翠，经她烘焙的茶也比别家的好。渐渐地，十里八乡的人都爱来买阿朗的茶，他的生意也越做越大。阿朗觉得这一切都得归功于南露，于是给他产于南雅白莲寨的茶命名为"南露水仙"，后来称作"南路水仙"。

（建瓯市）

贞 节 坊

乾隆当皇帝时，任家出个任仲具，祖业留下万贯家产，开个茶行，将茶运往苏州一带，生意做得很旺，人称百万，享有盛名。

张村有个财主生有一女，视为掌上明珠，年满十六岁，长得如花似玉，品貌端庄、聪明伶俐、知书达理，做鞋刺绣手巧心灵，可爱后生求婚不少，可是都攀不上张家的亲。

任家父母早有听说，张家有个女儿才貌双全、聪明能干，想到仲具年满十八了，经常随父走南闯北做生意，现在也该为儿成亲。有一天任家父母托媒婆到张家说亲，媒婆到了张家见了大人，把任家求婚之事说了一番。张家早就有了主意，所以婚事一谈就成，媒婆当日赶回任家，将张家满意这个婚姻说了一遍，任家十分高兴。当下，任家择了黄道吉日，办了三担绫罗、四担礼吹吹打打到张家接亲。任家门前张灯结彩大办酒宴，亲戚朋友满堂坐，只等新娘进门。新娘进了门，放了炮，点了烛，拜了堂。客人上桌吃完酒直到闹完新娘房，散了客，忙完了这一天。

从此，张氏凤珠在任家，夫妻恩爱和睦共枕，每天煮饭洗衣做杂务，一家大小过得很温暖，大人也过得称心如意，真是美满幸福。到了第二年张氏生了个双胞胎，哥哥叫天雨，弟弟叫天立，一家人乐得眉开眼笑，夫妻更是恩恩爱爱。夫妻俩给孩子办完了满月酒，秋后仲具又到江洋做生意去，一去就是一年。

到了年底，仲具收完账赶回家与妻儿大小团圆，沿途跋山涉水，操劳过累，身染重病。回到家里看病吃药总是不见好，病一天比一天重，最后到卧床不起。仲具知道自己的病不会好，对妻子说："看来我没有办法陪你到老，万一有一天死去，你要好生教养孩子，培养他们长大成人，当家管

好大小，苦了你了……"说完含泪死去。张氏抱着丈夫哭得死去活来。大家忙着劝张氏，说天长日久你不敢气，家中还有大小，你要振作起来，用苦水把孩子养大，才把张氏安下心来。大家忙着把丧事办完。张氏常抱着孩子想起丈夫直流泪。一天天过去，一年年过去，孩子长大了，张氏把两孩子送到学堂念书，白天照管生意，晚上教子念书，想起丈夫，又爬起来做针线。就这样，一年又过一年，儿子懂事了，娘才安下心。

　　整整熬了十八年，这年皇上开考，张氏准备叫儿子进京应考，雇了书童备好衣物，带足银两上路进京。两个孩儿去后，娘在家里一心牵挂，经常求神拜佛，保佑儿子考上功名。日盼夜想，终于盼上这一天——天立回来了，带回家书公文，见到母亲递上家书，报上天雨考上五品郎官，被拨到湖州府做官，三年以后再回家探母。母亲听了，心里十分高兴，终于苦出头，老天不负苦心人，心中感到很大安慰。

　　三年以后，天雨带着圣旨回家探母。张氏见儿子衣冠穿戴神神气气，高兴得笑容满面，抱着儿子看了又看，渐渐地，泪水一双一双流下来："儿啊！你有今天，母亲花了多少心思和血汗，吃了多少苦。你二岁死了父亲，是我一手把你们养大，如今我也值得。"到了晚上大家一起吃晚饭，天雨对母亲说："我知道你的苦心苦处，儿已将母亲的贞节奏明皇上。皇上听了龙心感动，念你贞节过人，苦心养子，赐我回家为母立一道贞节坊，加上圣旨'文官路过下轿，武官路过下马'，对你的高尚品德给以崇高的赞扬，刻上皇文千古流芳。"因此，任家在大干罗坊溪水口盖起了这座贞节牌坊，故事至今还流传在民间。

（顺昌县）

闽北的"闽南村"

在顺昌西北部有一个依山傍水、风光旖旎的"闽南村"——大干镇富文村。在这个占地3万余亩，拥有2600余人口的村落里，九成多的人能操一口熟练流利的闽南话。

在村中央有一座康熙年间的古庙，庙里供的是白面妈祖（天妃娘娘）神像。每年农历三月十三，村民们家家户户都要举行盛大的祭拜活动，村民们自发请来戏班，在妈祖庙里日夜公演大戏持续一两个月，连七邻八乡的乡亲也络绎不绝赶来祭拜观看演出。

妈祖是闽南人最为信仰的女神，然而闽北山区的富文村民为何如此信仰妈祖，又为何会有诸多村民会闽南语呢？据村民们讲，这与他们的祖先有关。这里的村民，是闽南义军的后裔。

清朝晚期，永春林俊农民起义是洪秀全太平天国农民起义的一个组成部分，是福建反清起义高潮中规模最大、时间最长、影响最深远的一支义军。解放前的《永春县志》记载，林俊是霞陵乡（今五里街镇埔头村）人，陈湖是龙头乡（今五里街镇静吾东村龙头自然村）人。林俊、陈湖是紧邻的反清武生，习白鹤拳术远近闻名。

咸丰三年（1853）四月，林俊、陈湖联合民众在永春金峰山揭竿而起，一开始就与太平天国义军取得联系，而且是福建范围内唯一与太平军有联系的义军。咸丰七年（1857）正月，林俊又到江西邀请太平军，二月太平军应邀首次入闽，林俊、陈湖派部队北上接应，而主力在闽南取得一连串胜利后，于七月进入顺昌县境内，并以富文村为根据地。后因为杨辅清部已退回江西，林俊与太平军会师的愿望没有实现。

林俊阵亡之后，其余部下有的跟随石达开太平军征战，有的散落埔上、沙口、洛元、河墩、口前和大干白石、仙潭一带，但以富文居多。为此，富文村成了名副其实的闽北"闽南村"。

在顺昌，每当富文天后宫妈祖祭日前后，县内县外方圆几百里的人们都会带上祭品、礼物到天后宫妈祖像前敬香祭拜，同时村里群众举行隆重盛大的祭妈祖活动，现在仍延续着这一风俗。祭妈祖这天，彩旗飘扬，锣鼓喧天，村民们抬着妈祖像出巡，队伍前有刀、剑、枪、戟开道。所到之处，各家各户敞开大门恭迎妈祖，祈求驱灾避邪，生活富裕兴旺。富文村民和七邻八乡的人们像过年似的，热热闹闹的景象要持续二三十天之久。

（顺昌县）

"双枪女将"缪敏

　　看过电影《烈火中永生》的人们，对华蓥山游击队中智勇双全的"双枪老太婆"都赞叹不已。殊不知，"革命先驱"方志敏同志的夫人缪敏同志也是一位闻名遐迩的"双枪女将"，她在闽北顺昌北部山区留下英勇战斗的足迹，播下革命胜利的种子。

　　缪敏(1909-1977)，原名缪细祥，曾化名李祥贞、宋大妹，生于江西省弋阳县葛溪缪家村的一个农民家庭，14岁到弋阳淑育女子小学读书，因家庭经济拮据，中途辍学，在老师的推荐下，在弋阳县小学担任了一年的音乐教师。1926年秋，在老师的资助下，考入南昌女子职业学校预科班。1927年3月，加入中国社会主义青年团，1929年4月，加入中国共产党。

　　缪敏在闽北的武装战斗主要在华家山展开。华家山介于邵（武）建（阳）顺（昌）之间，北起建阳的书坊丁厝，南伸仁寿、桂溪，转至邵武卫闽的中村。这里山高林密，地形险要。当时，国民党反动政府把仁寿区（按行政区划辖仁寿镇、洋墩乡范围）划为特种区，政治上对人民进行残酷统治，经济上对人民横征暴敛，加上这一地区经常闹匪患，百姓不得安宁。那时村子里的群众没有见过红军，听到的都是国民党反动派散播的各种关于红军的谣传，说红军是"赤匪"，共产共妻还杀人放火。

　　1934年3月初，缪敏率领红十军团的部分队伍四百余人，机智地突破了敌人的围追堵截，向顺昌仁寿的华家山方向前进。当缪敏带领的红军进驻桂溪村后，发现村子冷冷清清，才明白由于国民党长期的欺骗宣传，群众听到红军要来的消息后纷纷逃进后山，仅剩下一些老幼妇孺，家家户户紧闭门户。红军进村后，缪敏就一家家走访，向留村的群众反复宣传红军是老百姓的军队，动员他们叫回亲人，免受风餐露宿之苦。他们看着缪敏和战士们头上的那颗红星，听着他们和蔼可亲的谈话，不像国民党谣传的那样，不安的表情逐渐消失了，围观的群众也慢慢多了起来。缪敏看见人多了，就站到高处的石阶上说："乡亲们，我们是中国共产党领导的红军队伍……"

经过宣传，下午全村男女老少都陆续回到家里。当他们一进家门，看到庭院清爽，家什井然，红军战士笑脸相迎的情景，惴惴不安的心才平静了下来。缪敏立即布告安民，书写标语。经过短暂的相处，村里不少青少年就和战士们成了亲密的伙伴。

当晚，缪敏召开群众大会，红军战士与群众欢聚一堂，个个喜笑颜开，场面十分热闹。会上，缪敏作热情洋溢的讲话，阐明共产党的革命目的和抗日主张。

1934年4月22日，缪敏再次率红十军团突围的部分队伍约四百人，冲破国民党的重重堵截，到达仁寿桂溪，24日上午七时移驻余塘（当时叫余墩坝），准备开往华家山休整。缪敏高个身材，圆圆的脸庞，待人和气，身穿红军制服，腰间插着两把短枪，显得英姿飒爽，人称"双枪女将"。当天晚上，共有两股国民党部队，一股是国民党七十五师有六七百人，从建阳境内悄悄向余塘村逼进包围起来。另一股是国民党十一师六百多人，从顺昌境内跟踪到仁寿，两股敌军南北合围包抄，企图歼灭缪敏率领的这股红军。

这次战斗来得突然，而且异常激烈。缪敏临大敌而不怯，镇定自若地命令驻新市的连队进行狙击，掩护主力撤退，又布置少量兵力控制余塘后山，防止由新市左侧山岗运动的敌军切断我通往江元的退路。据守新市关帝庙的狙击队，以轻重机枪各一挺，组成密集的火力网，把敌军压在一个左傍陡坡、右临深涧的狭长地段。敌人几次冲锋都被打退，战斗持续了一个多小时，阻击任务胜利完成。这时，从新市左侧山上运动的敌人已接近江元通道，退路被切断，他们就沿着小河道，边打边撤，冲出包围圈，奔向江元与人称"黄老虎"的黄立贵领导的闽北红军独立师会合。

缪细祥之所以改名缪敏，有一段爱情故事。1927年4月12日，蒋介石发动"4·12"反革命政变。缪细祥经团组织推荐，到中共江西省委一个秘密机关从事交通员工作。时任江西省农委书记、省农民协会秘书长的方志敏就隐蔽在党的秘密机关中。缪细祥经邵式平、胡德兰夫妇介绍，认识了方志敏，并很快由对方志敏的崇敬发展到爱恋。方志敏也对这位时年18岁、浑身充满革命朝气的姑娘很满意。是年6月初，时任全国农民协会秘书长的彭湃来江西视察工作，得知方志敏和缪细祥两人相爱却迟迟未婚的情况，便催促他们结婚。时任江西省委秘书长的冯任同志立马宣布：组织批准方志敏同志和缪细祥同志结婚。当晚，方志敏和缪细祥在秘密机关的二楼举行了婚礼，18岁的缪细祥同方志敏结为革命伉俪。彭湃写了一副喜联："拥护中央政策方略双方奋斗到底，努力抓紧下层工作准备流血牺牲。"

新婚之夜，方志敏对缪细祥说："我赠你一个'敏'字，作为结婚礼物吧！"自此，缪细祥改名缪敏。你赠我一字，我爱你一生，缪敏和方志敏你中有我，我中有你，二人至死不渝，共同谱写了一曲感动千古的爱情悲歌。三天后，方志敏被派到赣西开展农运工作。方志敏当时化名李祥松，为缪敏取名李祥贞，两人以兄妹相称，作为以后秘密通信的联络用名。

（顺昌县）

女英烈叶珍珠

1936年底，国民党反动派拼凑了十余万兵力，在闽、浙、皖、赣"清剿"，在总指挥刘建绪的指挥下，采取"分头包剿，围追堵截""军事政治双管齐下"的战略，重点"围剿"坚持在闽浙边、浙西南进行游击战争的红军游击队。敌人在军事上采取由东到西，由南到北进行拉网式的包围进逼，政治上采取移民并村，强化保甲制度，实行"一户通匪，十户连坐"的"连环切结"法，对粮食、食盐、药品等物资进行严格的经济封锁。同时，四下张贴布告：通红军者，为红军送粮、盐者，送情报者，知红军不报者，格杀不赦！敌人新一轮的"清剿"来势汹汹，反动气焰甚嚣尘上，一时间，闽浙边、浙西南游击根据地形势急转直下，相当严峻，敌人白天看烟火，夜晚看火光，稍有风吹草动便轮番"清剿"，逐段搜山。红军游击队粮尽弹绝，缺医少药，只能化整为零，昼伏夜行，转入深山竹海，过着天当被、地当床，野果、苦笋当食粮的野人般的生活，坚持进行艰苦卓绝的游击战争。

浦城忠信毛洋，地处闽浙边界，这里群山逶迤、层峦叠嶂、峡谷幽深、竹海松涛、交通闭塞、土地贫瘠。由于土豪劣绅的剥削压迫，居住这里的群众大多是终年劳累不得温饱的穷苦山民，他们的身上蕴藏着强烈的斗争愿望。

1935年，粟裕、刘英同志率中国工农红军挺进师，冲破敌人的重重封锁，挺进闽浙边、浙西南开辟游击根据地，建立了龙（泉）浦、龙（泉）遂（昌）县委，县委机关一度驻毛洋。

叶珍珠就出生在毛洋一个山高路险、地处偏僻的小山窝里，她家贫如洗，苦难的童年是在挨冻挨饿的泪水中泡大的。粟裕、刘英同志率红军挺进师来到这里，发动群众，组织斗争，建立党组织，成立苏维埃，打土豪开粮仓，查田插标分青苗，毛洋一带革命烈火熊熊燃烧，武装斗争如火如荼。在红军游击队的宣传教育下，叶珍珠懂得了许多革命道理，积极参加革命斗争，经常为红军游击队洗衣、做饭、打草鞋，护理伤病员，传递情报，作向导引路……叶珍珠在毛洋开了一个饭店，名为饭店，实为红军游击队的地下交通站。

1937年春，国民党反动派围剿闽浙边、浙西南，国民党63师有一个营驻扎在毛洋，营部就设在叶珍珠的饭店。为了获取敌人的情报，叶珍珠假意热情接待了他们。日子久了，国民党兵就放松了警惕，不把她当外人看待，敌人部队行动时，有的匪兵还会向她透露消息。叶珍珠得知消息后，及时地向红军游击队传递了情报。由于掌握了敌人的情报，红军游击队就有了主动权，只要国民党军队一出发，红军游击队就转移得无踪无影，有时还在途中埋伏袭击敌人，或是叫敌人腹背挨打。这样一来驻毛洋的国民党军便不敢轻举妄动了。

一天，敌人又要进山"清剿"了。敌营部的几个匪兵，因头天晚上漏夜打麻将赌博，清晨正在梦中，猛听到集合哨声，慌慌张张收起武器弹药就集合出发了。慌忙中匪兵有五颗子弹忘在打麻将的饭桌上。敌人走后，叶珍珠正要打扫饭店收拾饭桌，发现饭桌上有五颗子弹，心想：红军游击队正缺枪支弹药，这不是雪中送炭吗？便机警地把五颗子弹藏在了红军游击队接情报的隐蔽处。

傍晚，上山"清剿"的敌人回到了饭店，敌营长气喘吁吁，火冒三丈，大骂营部几个匪兵，要追查是谁透露"清剿"情报，使他扑空而归，一个红军游击队也没有"剿"到，上峰还不知怎样拿他是问呢。联系到清晨集合时丢失五颗子弹的事情，便将怀疑的目标放在了叶珍珠的身上。这天"清剿"红军游击队虽然没有损失，但因敌营部一个军医的告密，第二天叶珍珠被国民党兵抓捕了。

叶珍珠被捕后，敌人以为她是一个普通妇女，在审讯中对她百般利诱，想要她嘴中说那五颗子弹的下落，从而诱捕红军游击队，谁知叶珍珠一言不发。敌人气急败坏，又对她进行严刑拷打，上夹杠、抽皮鞭、十指钉竹签，叶珍珠浑身皮开肉绽，十指鲜血淋漓。敌人以死相威胁，她正气凛然，始终纹丝不动。敌人无计可施，为向上峰显示"清剿"功劳，便以"土匪婆"的罪行将叶珍珠押解忠信高溪，游乡示众，砍头杀害，最后还残忍地割下她的头颅，挂在浦城城关北门城楼上……

叶珍珠牺牲后，敌人以"通匪罪"抓捕了她的丈夫，想让这个老实巴交的山民说出那五颗子弹和红军游击队的下落。她的丈夫伺机连夜逃离了毛洋，流浪外地不敢回乡，后来死在了流浪乞讨途中。

为向上峰交差，敌人还将叶珍珠的大儿子以"土匪家属"的名义抓捕，先是将他押送闽、浙、皖、赣"剿匪"总指挥部，后又押回浦城仙阳第三战区军人监狱，几经辗转，问不出什么名堂，无奈将其释放。谁知他在回家的路上刚走到忠信游枫，又被国民党兵抓了壮丁，关押在浦城城关妈祖庙。因他不愿为国民党军队卖命，加之又是"土匪家属"，被国民党兵活活打死。

叶珍珠的二儿子，尚未成年，母亲被杀害后，父亲出走毙命他乡，哥哥又被抓捕，孤苦伶仃，只好投亲靠友，寄人篱下过着有一顿、无一顿的悲惨生活。国民党兵得知其下落后，便要"杀一儆百，斩草除根"，又以"补充壮丁"的名义抓捕了叶珍珠的二儿子，将他也关押在浦城城关妈祖庙。可惜兄弟俩虽关在同一妈祖庙内，却未能见上一面。在叶珍珠大儿子被打死后没几天，体弱多病、重疾染身的二儿子也被折磨死了。

敌人还妄想"竭泽而渔"隔绝毛洋群众与红军游击队的鱼水关系，斩断红军游击队和毛洋群众血肉相连的骨肉亲情，以困死、饿死消灭红军游击队，又以"土匪窝"的罪名，一把大火烧毁了叶珍珠饭店的房子。

后来，红军游击队从叶珍珠传递情报的隐蔽处取回了那五颗子弹。根据群众述说了这五颗子弹是叶珍珠一家牺牲了四条生命，被烧毁了一座房子的代价保留下来的。红军游击队员们个个同仇敌忾，义愤填膺，都说这是"五颗滴血的子弹"，我们要以血还血，以牙还牙，用这"五颗滴血的子弹"奋勇杀敌，坚持游击战争，粉碎国民党反动派的"清剿"阴谋。

就这样，"五颗滴血的子弹"的革命故事一直流传在三年游击战期间的闽浙边、浙西南根据地群众的心中。

（浦城县）

浦城的成语典故

"梦笔生花"与"江郎才尽"两个成语，源自南北朝时的文学家江淹，他在浦城当了前后3年的县令，竟给浦城留下这丰厚的文化遗产。这是他没有想到的吧。

江淹因才华出众被建平王刘景素所识，引为幕僚。江淹为官耿介，元徽元年（473）因事忤逆刘景素，被贬为浦城（当时吴兴）县令。

江淹在浦城3年，深深被浦城佳山丽水所吸引，在他的《自序》中有记载："地在东南峤外闽越之旧境也。爰有碧水丹山，珍木灵草，皆淹平生所至爱，不觉行路之远矣。山中无事，与道书为偶，乃悠然独往，或日夕忘归。放浪之际，颇著文章自娱。"（《江文通集汇注》卷十）江淹在浦城所作的《赤虹赋》《青苔赋》《游黄檗山》等10多篇诗赋都是喷珠玉，还有被称为"六朝名篇"的《别赋》。由于江淹在浦城作文情调哀悲，意境幽远，颇有佳构新韵，传为"梦笔生花"的美谈。说是江淹一日游至风景优美的孤山，并宿在山中，梦中得到五彩花笔，日后文思如涌，诗文多佳句。元徽四年离开浦城后，才思衰退，时人皆谓"才尽"，又出了一个"江郎才尽"的可悲典故。

江淹何以"才尽"，钟嵘在《诗品·齐光禄江淹》中有一个同"梦笔生花"同样奇妙的解释。说是江淹一天夜宿冶亭，梦郭璞对他说："我有笔在你处多年，可以还我了吧？"江淹遂从怀中取出五色笔奉还。尔后为诗，不复成语。

江淹何以能"妙笔生花"，尔后又何以"才尽"？实际是江淹贬黜在浦城，官微窘困，"逆境出诗才，悲愤有佳句"，加之他畅游浦城，从大自然中吸取营养，激起他的才思，他的才华得到充分发挥，与民众痛痒息息相通的怨愤之情油然而出，热爱大自然的朴实初心凝聚笔端，因此作文题材新颖别致，文词绮丽多彩，音韵铿锵优美。他离开浦城之后，结束放逐生涯，其后宦途得意，累累升迁，位高志得，与人民、与生活隔绝，思想、情愫全然改变，行文运笔，大背先时，形诸文词，便哀飒不振。

江淹离开浦城后，确实才尽，但把原因归结到郭璞索笔是失当的。倘若果真有"五色彩笔"的话，也是生活在锦帐暖烬中的江淹自己丢失的。北宋文学家孔平仲针对此作诗，指出："晚年既富贵，岂非有所怠？"即点出了内中道理。

"摸钟辨盗"的成语，出自同样在浦城任职的陈襄。陈襄巧借摸钟破案的故事，至今还在浦城民间广为流传。

摸钟破案，说的是发生在宋朝的利用心理学破案的一个著名案例。破案者陈襄，福建侯官人，是一位著名的理学家，与陈烈、周希孟、郑穆被号为"海滨四先生"。陈襄于宋庆历二年（1042）举进士，官至枢密直学士兼侍读。他初出仕时，曾任浦城县主簿并摄县事，遇到诉讼，必是数位县吏环立于审讯大堂，凡有要私自拜谒的，一律不受理。他在浦城任上，有一起盗窃案，经多方寻查，难以找到盗贼。陈襄便在大堂上宣称，某庙的钟能辨盗，偷东西的人只要摸它一下，它就立即发出响声。他随即暗地里嘱人在钟上涂墨，并用帷幕将钟遮了起来。而后，他命令有盗窃前科的人和被怀疑对象集中到庙里，令他们每一个人依次把手伸进帷幕去摸钟。没有偷盗的人都大胆去摸，有一个人是真正的窃贼，他心虚，恐怕真的去摸钟，钟就会响起来，因而不敢用手触钟。摸钟结束后，陈襄叫他们把手都伸出来，发现只有一个人手中无墨，当即叫衙役将这个人捆绑起来，认定他就是这起偷盗案的罪犯。罪犯不服，陈襄说出其中的道理，罪犯心服口服，甘心伏罪。

（浦城县）

乌饭节

　　浦城有一个习俗，儿女亲家送节，女方就送四节。即四月八送乌饭，端午送粽，七月半送火把（面筋拉成丝，绕成把，油炸），中秋送月饼。特别是新婚女家，四月八更要大量送乌饭给男家，使男家能转赠亲友，每家一盆，饭上还铺盖枇杷等果品及烧鹅等熟食，称为送乌饭。还将乌饭贴在小孩额头上，说是可以驱蚊灭虫。乌饭节的习俗新中国成立后大多数地方已逐渐消失。乌饭是以俗称"乌饭子"的树叶汁为主要原料浸泡糯米而制成，吃乌饭的习俗由来已久，代代相传。在我国的浙江、江苏、湖北、湖南、安徽、江西等地也有吃乌饭的习俗，而浦城富岭、前洋等地的乌饭节延续至今，别有风情。除了家家户户做乌饭外，还由各小队轮流做东，召集村民们聚在一起吃乌饭，过一年一度的"乌饭节"。

　　"乌饭子"学名南烛，又叫乌饭树，是一种常绿灌木，果实成熟后酸甜。乌饭树喜光、耐旱、耐寒，在长江以南地区广有分布。据《本草纲目》记载，乌饭树叶"可润颜色，益肠胃，灭三虫，补精髓，坚筋骨"，常食之可改善血液循环，防止血管硬化，延缓衰老。

　　同样是做乌饭，以高速闽浙交界口为界，富岭镇下路的山路、靖坑、里源等村做出的乌饭就没有那么黑，而是紫中带红。村里老人说："除了原料秘方外，关键在这个浸米有没有放'铁器'。"前洋村民用树叶汁浸泡糯米时要放一把菜刀，传说是用于斩妖除魔，驱除邪气。其实科学的解释是，浸泡时树叶汁和铁发生了化学反应，在这过程中，糯米吸收了二价的铁离子，这样蒸出来的糯米饭就越发乌亮。

　　说起乌饭节，人们便会想起目连救母的传统民间故事。目连的母亲因故被阎王打入十八层地狱。出于对母亲的孝敬，目连叩求到地藏王所赐的能打开地狱之门的如意杖，给母亲送饭。他每次送给母亲的白米饭，都被看守地狱的恶鬼抢去吃了，母亲经常挨饿。为了不让母亲饿肚子，他翻山越岭，遍尝百草，发现一种汁液发乌的树叶，清香生津，提神开胃，用其煮成的糯米饭，虽然颜色发黑，却十分可口。目连煮成乌饭，送往狱中，恶鬼见饭乌黑，不敢吃，只好给他的母亲吃。从此，他的母亲就不再饿肚子了。目连为使母亲摆脱地狱之苦，一心向佛，苦心修炼，终于感动了佛祖，使母亲得以复活，终于和母亲重新团聚。千百年来，人们一直被目连救母亲的孝心和事迹所感动，也出于对各家逝去的亲人不受饥饿折磨之苦的美好心愿，便在目连第一次为母送饭的农历四月初八（也是佛诞日）煮吃乌饭。

这种习俗至今在浦城县部分乡村仍有沿袭，以富岭前洋乌饭节尤为热闹。前洋吃乌饭的习俗，据村里老人说得从隋朝将军杨广说起。当年杨广率部攻打南蛮十八寨，当攻打到前洋附近的西山寨时，士兵多染瘟疫。后来一个叫华光的医师教士兵们采摘山上的树叶取汁做乌饭，吃了乌饭的士兵不仅病痛全无，而且身强体壮，杨广很快便把南蛮十八寨全部拿下。从那以后，前洋吃乌饭的习俗便流传了下来，在富岭圳边村也有延续。富岭余塘，古楼的大洋、坑口，永兴肖家和石陂村溪等畲族村的"乌饭节"已随着时间流逝逐渐汉化、淡化。

（浦城县）

朱千八浔江悟梦

止马镇岛石村的浔江自然村，山清水秀，地方平阔，居住的基本都是朱姓人家。他们是宋代理学大师朱熹的后裔，在这里生活已有二十多代。说起这朱姓人家的来历，当地还流传着一个故事。

相传元朝年间，这支朱姓的始祖千八公居住在邵武县城。当时地方动乱，而且年年遭灾，收成不好，日子过得非常艰难。一天晚上，朱千八做了一个梦，梦到九世祖朱熹告诉他："这里不能再居住了，你要去寻有江的地方找饭碗，家族才会兴旺，子孙才会发达！"他开始没在意，以为只是虚幻梦境而已。可是第二天晚上又是这个梦，他仍没在意。第三天晚上还是这个梦，他才认真了："祖宗托梦叫我离开这里，才有好日子过。我要遵照祖宗的嘱咐，去寻找适合我生活的地方。"可是天下的江很多，往哪个方向走，去寻找哪条江，梦中没有说清楚。于是他上街找到当地一个名气很大的算命先生解梦，那算命先生听完他叙说梦中的话，闭上眼睛念了一番"金木水火土"后，才开口说他要往西北方向，才能寻找到有江的地方。他高兴地扔下5两银子的算金，谢过算命先生后回家来。可是他想，要寻找江原是要往东南方向，才会有江，怎么叫往西北方向，那边都是内陆没有江。他犹豫了很久，但想想又不能不去，恐违拗了天意，只好弃家前去。

于是他告别了亲友，带上行囊一人往西北方向走。走了一天又一天，走了一个地方又一个地方，只找到河，没有江。他还是不放弃，坚信祖宗托梦和算命是天意，不会欺骗他，一定会让他寻找到有江的地方。一天，他来到光泽止马岛石现在浔江自然村的这个地方。此处临近江西，四面有山，中间平阔，山清水秀，土地肥沃，一条河流从边上流过，围着中间平地，形状像个猪食的槽。他很中意这里，欣赏此处的山光水色，就不想再走了，于是坐下来休息。没想到一会儿起来时，腿脚都麻木了，迈不开腿，不能再往前走了。他觉得奇怪："怎么回事？腿脚好好的怎么会走不动了，莫非是祖宗真是要我就在这里安家吗？！"

接着他仔细把祖宗托梦和算命的话琢磨了一番，恍然大悟："这里临近江西，有'江'，这小河是闽江的源头支流，也是有'江'，要寻找的地方就是这里啦。江比河大，河中加水就是江。祖上叫寻江，在寻字旁加上三点水，河就成了江，这里也就可以叫作'浔江'了！"他再看这里的地理形状，水是"之"字形走向，把中间平地围得像个喂食的猪槽。猪槽不就是"猪"的饭碗吗？朱"猪"同音，不错，这里就是祖宗讲的地方，这里也就是姓朱的人今后吃饭的地方。一通百通，祖先梦话的玄机让他参悟出来，高兴地一下跳了起来。

于是朱千八就在这里安下家来，买地盖屋建房，开荒种地，娶妻高氏、黄氏生子，成了这里朱姓的开基始祖。他还回了邵武去把朱姓的亲人也带到这里，一起在这里发展。他一直活到69岁，葬在临近的蔡家边铁炉巷旁的山上。这个地方后来就叫浔江，朱姓的后代子孙从此在这里繁衍发达，成为当地一个有名的家族。清朝年间，后代朱姓子孙为他在村中建起朱氏宗祠，供有他的神位。每年清明节时，朱姓子孙都来烧香叩拜，追忆祭祀这位开基始祖千八公。

（光泽县）

光泽李氏七贤入闽始祖李频

李频，字德新，号东川，唐代著名诗人、名宦，原籍睦州寿昌九都长汀源花村（今浙江省建德市李家乡石门堂村人）。唐乾符二年（875）正月，出任建州刺史。因以建州（今福建建瓯）为家，其宅地处梨山，故称梨山李氏。

李频大约出生于唐宪宗元和十三年（818），幼时天资聪颖，悟性超群，稍长寄居寿昌县的西山读书，与方干为师友，苦学勤记，写出很多作品，以诗尤有名。

文宗开成四年（839），李频和同郡友喻坦之专程到长安寻师，一路上关山阻隔，艰辛备尝。到京城后，他拿出诗卷，请当时给事中姚合（时人推为诗坛宗主）品评。姚看过他的诗，大加称赞，更爱其人品，把女儿嫁给他。此事在文坛传为千古佳话。姚不久由京官调任陕西观察使，李频随之赴任。不满一年，姚氏回京任秘书监。李在姚家寄居大约十年，当中虽曾到过湖南、洛下以及四川等地游历，但大部分时间都留居长安，他的求名之心和怀乡之念始终流露在他的许多诗篇里。

李频出身贫寒，欲在仕途立足，需先取得功名。大约大中六年（852），他在京准备先参加府试，因身居长安，需到京兆府取解。他曾四次赴试，三次落选。大中八年（854）春天，他中了进士，又在吏部释褐考试获胜，唐室授以秘书省校书郎、黔中经略使。大中末年，出任南陵（今属安徽）主簿。懿宗咸通初年，转任池州。不久，参加了评判考试，改任武功（今属陕西）县令。他耿直廉洁，不接受人家的钱财。对饥民则开仓赈济，对地方豪霸则大力抑制。兴利除弊，政绩昭著，声誉很高，得懿宗的嘉奖，并赐予绯衣银鱼。因他耿直强硬，后来即转官侍御史，执法严明，声震朝野。

咸通末年，李频转任为刑部都官员外郎。当时朝政腐败，海内骚然，他自己上表，求为建州（今福建建瓯）刺史。乾符二年（875）正月，出任建州刺史。初到建州渌溪亭时作诗云："入境当春务，农蚕事正忙。逢溪难饮马，度岭更劳人。想取丞黎泰，无过赋敛均。不知成政后，是谁得为邻。"意欲要注重农桑，平均赋税，使百姓安居乐业。他颁布政教法令，更以礼教法制整饬下属。在任期间，发农林、兴土木、治恶习、平民冤。他经常倡导州人知学，用儒学诗书理教学士，兴办教育，对州人出仕颇有贡献，为建州的政治、经济、文化发展起了一定作用，甚得人心，为州民所称道。乾符三年（876）他病故于任上。当地百姓怀念他，扶柩哀悼，在建州梨山建李岳祠为永远纪念，并将城内朝天门桥以他的字号命名为德新桥。

李频博通经史，尤长于诗，是唐朝有名诗人之一。《全唐诗》录存其诗二首，见《唐诗纪事》卷六十、《唐才子传》卷七。他的诗中最出名的是《湖口送友人》：

中流欲暮见湘烟，岸苇无穷接楚田。
去雁远冲云梦雪，离人独上洞庭船。
风波尽日依山转，星汉通宵向水悬。
零落梅花过残腊，故园归醉又新年。

这是一首送别诗。"湖"指洞庭湖，诗人即在湖口入洞庭的渡口送别友人。"中流欲暮见湘烟"，"中流"即江心，这是江面宽阔的地方，此时在暮霭的笼罩下更显得苍苍莽莽。"岸苇无穷接楚田"，"楚田"即田野，"岸苇无穷"与"楚田"相接，比喻极其空旷广袤。"去雁远冲云梦雪"，"云梦"是有名的大泽，在洞庭湖以北的湖南、湖北境内，孟浩然在《临洞庭上张丞相》诗中曾以"汽蒸云梦泽"来描写它的壮伟，这里则以"云梦雪"来表现同样的境界。"离人独上洞庭船"，飞雪暮霭，弥漫着一种凄冷压抑的气氛，四野茫茫，更显离人的伶仃，写出了友人旅途的寂寞艰辛。作者或用正面烘托，或用反面映衬，或用比兴之法，寄寓自己的伤别之情。"风波尽日依山转，星汉通宵向水悬"，写洞庭湖的景象，并非写实，而是由"洞庭船"引发的想象，故而在时间上并不承上，

"暮""雪"不见了，两句是说洞庭湖波翻浪涌，奔流不息，入夜则星河璀璨，天色湖水连成一片。诗人对友人的关切之情不是直接表达出来，而是通过孤舟离人和洞庭景象这前后两幅画面的巧妙组接来加以体现。最后两句"零落梅花过残腊，故园归醉又新年"，是说友人归去当及新年，而自己却不能回去。"零落梅花"是诗人自况，也是一景。腊月想到梅花，由"残"而冠以"零落"，取景设喻妙在自然含蓄。此句固然表现了诗人的自伤之意，同时也表现了念友之情。

李频以描写自然景物见长，这首诗既有壮阔生动的自然景象，又有深邃内在的个人情致，达到了情景交融的艺术境界，堪称其代表作。在诗中，作者把孤舟离人放在中心的位置上，围绕这个中心层层设景，又从孤舟离人引出情思，把诸多景物有机地串联起来。故而全诗显得章法齐整，中心突出，而且融情入景，与一味感伤的送别诗不同，自有一番悠悠远思的风韵。

李频死后，次子扶父柩拟归葬翟阳。途经光泽，遇战乱不能前往，遂葬于光泽城郊的乌洲（今火车站附近），其子孙也就在这里定居繁衍，称为乌洲李氏。自宋迄元两朝四百年，世代服膺理学，先后出过李异、李治、李勉、李深、李郁、李方子等13位著名学者，以光泽乌洲李氏家传理学而闻名于世。

（光泽县）

闽赣群众怒捣杉关盐卡

"聂书记，你们共产党不是经常给老百姓宣传说，你们是为穷人求解放、谋幸福的，为老百姓的利益斗争的，现在你可得为我们做主啊！"1930年5月的一天，皮源（江西省黎川县的一个自然村）当地一位何姓盐商找到时任中共资黎特别区委书记聂显书（曾任光泽中心县委军事部长、游击队司令员）诉苦道。

"怎么回事？"聂显书问。随后，何姓盐商便将情况一五一十地向聂书记说了一遍。原来，何姓盐商是当地一位较有名气的盐商，他食盐生意遍及黎川、资溪、南城等地。每隔几天，他都要从光泽购进一批食盐，通过水陆运至水口，再从水口经杉关运送至江西各地。1929年下半年后，有人在光泽县杉关设置盐卡，并有配枪支的团丁把守，对过往商人征以重税。若有违者，轻则没收物品，重则关押毒打。何姓盐商每次经过杉关，对守卡团丁都得施小恩小惠，但税赋一分一厘也不得少。后来这些团丁胃口越来越大，实在难以满足，盐商个个苦不堪言，强忍之下，才向聂书记反映。

以前聂显书也听人说过，这次亲自听到盐商的控诉，顿时气愤万分。他对何姓盐商一番安抚后，立即召开特委会议，研究对策。最后，会议一致决定捣毁盐卡！

如何捣毁盐卡？会议决定派茶山支部书记吴先民去杉关了解情况，吴先民接受了任务。

5月中旬的一天，吴先民打扮成商人模样，从皮源向杉关进发，经过几个小时翻山越岭，来到了杉关脚下。吴先民抬头远望，看见一座关楼屹立杉岭顶上，两边地势险要，真是一夫当关，万夫莫开。走近关楼，二位持枪的团丁拦住去路："去哪里？干什么的？"

"我是做生意的，准备去光泽进点货。"吴先民回答道。团丁走上前对他进行了搜查，看没什么问题，便给予放行。走出关楼，吴先民来到关下村子里的一家客栈，向客栈老板问了一些情况。客栈老板告诉他说，在关楼设卡的是黎川县茶亭镇（即现洵口镇）的武子真，是当地的一户大地主，买通了光泽、黎川二县的官府，在此地设立盐卡，还派了20余名团丁把守，有枪10余支，对过往商人收税，重点是征收盐税，每担盐要征收7斤的盐税，令过往盐商叫苦不迭。客栈老板还告诉他，杉关是闽赣两省的门户，每天往来的商客很多，有两三百之多，特别是黎川、资溪、南城等地食盐，大部分都是通过杉关再销往各地的。盐卡设立后，过往生意人明显比以前减少了一半。吴先民又到止马了解，所说情况也差不多。他在止马留宿一晚，第二天返回了皮源，并向聂书记汇报了情况。

聂书记听完汇报后，召开特别区委会议。区委根据民众的要求，决定发动民众攻打杉关盐卡，拔掉这颗毒瘤。

听说要攻打盐卡，当地群众热情高涨，纷纷报名要求参加。5月27日一大早，吴先民带领100余名群众，拿着梭镖、扁担、大刀等向盐卡冲去。从皮源向杉关进发的路上，一路不断有群众加入，最后队伍达到160余人。到达杉关已是正午时分，当地人家大多还在吃午饭。离关楼还有200余米远，吴先民向群众发出了进攻令："同志们，前进！下关楼，捣毁盐卡！"愤怒的群众举起手中的武器，大声高喊："冲啊，杀！"

把守盐卡的团丁，看到黑压压的一片人群朝上面冲来，吓得面如土色，朝人群胡乱打了几枪后，便丢下手中的枪支，闻风而逃。有几个负隅顽抗的，被冲上的民众乱刀砍死。随后，民众立即捣毁了盐卡，放火烧了团丁居住的营房。杉关当地群众看到江西民众来捣毁盐卡，十分拥护，许多人也加入到捣毁盐卡的战斗。

盐卡捣毁后，吴先民在关楼前召开了群众大会，向在场群众说道："乡亲们，不法地主勾结官府，在此设立盐卡，对过往商人课以重税，加重老百姓的负担，我们坚决不能容忍这种损害老百姓利益的行为，要勇敢地站出来同地主、官府做斗争。以后谁要是欺负我们老百姓，就要和他们斗争到底！今天我们捣毁了这个害人的盐卡，以后谁还敢再设盐卡，我们还要来捣！"

杉关盐卡被捣毁后，再也没人敢在此设置关卡了。1930年12月，吴先民又领导茶山纸厂工人举行了罢工斗争。从此，红色革命的烈火在光泽、黎川、资溪一带熊熊燃起。

（光泽县）

生孩子送红蛋的来历

在松溪一带，凡是生了孩子，不管是男孩女孩，都要煮几十只精心挑选的大鸭蛋，并涂上鲜红的颜色，由女婿送到丈人家。丈人家将这些做好的红蛋，装入竹篮里，端端正正地放入水缸中，意思是刚生下的孩子像水一样猛涨，颠簸之后少灾少难，并且将这些红蛋赠送亲友。据老年人说，这风俗的起始有这样一个传说：

很早的时候，河边有一对以捕鱼为生的夫妇，他们风里来雨里去，起早摸黑地打鱼，一直到了四十多岁还没有生个孩子。他们为此伤心烦恼，整天唱着悲歌，唱着唱着，眼泪流下来了，唱着唱着，声音也哑了……

有一天，正当他们噙着泪花唱歌的时候，忽然，他们用绳子系在船头养的鸭子"呷呷呷"地叫着讨食吃。渔夫跟妻子打趣地说："我看你还不如这只鸭子，我喂鸭子一天，它还给我生只蛋。"渔夫的妻子听了很伤心，接着生了病，并且越来越重，不久就卧床不起了。

这样一来，渔夫的麻烦就更多了，既要打鱼，又要侍候妻子，忙得连鸭子也忘记喂了。鸭子饿得"呷呷呷"地叫个不停，渔夫不耐烦地说："去你的吧，烦死我了，自己寻食去吧!"鸭子好像听懂了主人的话，自己寻食去了。这夜，鸭子生了一只双黄蛋。

第二天一早，渔夫把那只双黄蛋煮给妻子吃。渔夫的妻子吃了蛋，舒舒服服地睡了一觉。第二天病就轻了，和原来一样有精神，又能帮助丈夫摇橹撑舵了。

奇怪的是，渔夫的妻子吃了那只双黄蛋，就有了喜，乐得夫妇二人天天唱山歌。从这以后，鸭子生了蛋，渔夫都藏着不肯吃，又另外买了一只母鸭养着生蛋。

时间一天天地过去，渔夫妻子生了个胖娃娃。渔夫中年得子，非常高兴，在小孩"庆三朝"之日，夫妇俩特地邀请一班穷兄弟庆贺。在喜庆之时，渔夫说出了吃仙蛋有喜的秘密。亲友们听了半信半疑，也要求渔夫送一只鸭蛋，带给自己的媳妇吃。渔夫给每个亲友都送了一只鸭蛋，为了讨吉利，就在鸭蛋上涂了红色。于是后来生儿育女就有了送红蛋的习俗，一代一代传了下来。

（松溪县）

挂茱萸的传说

在松溪县民间流行着这样的一个习惯，每年阴历五月五日那天，家家户户的门口都要挂上一簇茱萸。关于挂茱萸的习俗，有着这样一段神奇的传说：

很久很久以前，有一群魑魅魍魉，它们每到一户人家，都要弄死几个孩子。

在花桥上面，有座小山村。由于这山村四面环山，成了一个长条形的凹地，人们根据地形称它为"猪母槽"。猪母槽里住着一户人家，这家共有十一口人，七男四女，双亲早就过世了，前面的六个兄弟都结了婚，剩下一个年纪最小的弟弟和大嫂嫂住在一块。

这家大嫂嫂，是个心地十分善良的女人，她自己也生了两个儿子，可是她每天外出的时候总是抱着小叔子，把年纪比小叔子还小的自己的孩子放在地上牵着走。

有一天，魑魅魍魉里的一个鬼怪游到了猪母槽里。当它看到这村里一个妇人进出几次，手里总是抱着大孩子，地下牵着两个小孩子时，感到奇怪，于是变成一个过路人，问这位妇人："这位大嫂，你手里抱着大孩子，小孩子却放在地上拖，这是为什么？"

那位大嫂回答说："我手上抱的是我家里最小的叔子，地上拖的是我自己的儿子。这几年，听说有群鬼怪会抓孩子，我怕小叔子遭害，才牢牢抱住。我想保护他，让他长大成家。""那你自己的小孩子呢？"鬼怪问。"我自己的儿子要是真的给鬼怪抓去，我还可以再生，还可以传后代。公婆已经过世，不能再生了。"

这鬼怪被大嫂的话感动了，于是就安慰她说："没关系，我教你一个办法，你只要在五月初五那天，家门口挂上一簇茱萸，就没有鬼怪来你们家抓人了。"

这位大嫂的心地非常善良，除了自己五月初五在家门口挂茱萸，还把这个方法教给了邻居，邻居又传给了别人，这个避邪的方法就被一传十，十传百地传开来，流传至今。

（松溪县）

流淌在杨源人血液里的四平戏

杨源有五宝，茶戏鱼居古杉倒。新娘茶、鲤鱼溪、古民居、倒栽杉这四宝我暂且不细表，单表一表咱"四平戏"有多么奇妙。

"四平戏"又称为"四平腔"，始于明朝中叶，系当时广为流行的四大声腔之一的"弋阳腔"的变种，嘉靖年间盛行于徽州一带，明末清初传入我省闽北政和、闽东屏南和闽南的长乐、漳州等地。清朝中叶后，"四平戏"被安徽徽调、江西婺剧等所吸收，成为常用腔调之一。岁月迁徙，沧海桑田，这个当年叱咤神州的古老剧种，渐渐被历史长河淹没。20世纪中叶以来，人们以为这世上再也看不到"四平戏"了，多少戏曲学家扼腕叹息。然在20世纪80年代，一批专家在闽东北地区采风时竟意外地发现，在政和杨源等一些古老的村落，依然流传着"四平戏"。这一发现引发戏曲界一个不小的震动，专家们欣喜若狂，高呼这可是"中国戏剧活化石"！2006年，"四平戏"被列入国家非物质文化遗产名录。

曾经风靡大都会的娱乐方式，为什么在历经400年风雨后的今天，仅在杨源这个名不见经传的山旮旯里头保存完好？这得从杨源的地理和人文说起。

杨源乡地处闽东北交界处，与屏南县毗邻，自古就是连接闽东北的交通要冲，历史悠久，山川秀丽，人杰地灵。杨源乡以张姓居多，其祖先张谨乃唐末武将，黄巢起事时，受命于危难之中，以福建招讨使的身份率军剿黄。朝廷军与黄巢军队在政和境内展开遭遇战。张将军战死，葬于现政和铁山镇境内。朝廷敕封"英节侯"，以表彰其忠勇。据传，张将军在浴血奋战时，一郭姓副将与之同进退、共生死，英勇杀敌。张将军死后，其子张世豪等到政和扫墓，路经杨源时，被当地钟灵毓秀的山水所倾倒。他顺手拔起一棵小杉树，倒栽于侧，曰："此树若能活，吾永住于此！"杨源真是块"风水宝地"，这棵头朝上尾朝下的小杉树还真活了，且枝叶繁茂。于是，张世豪成为杨源的开基祖先。

为了纪念父亲，也为了纪念与父亲同生共死的战友将士，张家人在杨源修建了英节庙，在张谨和郭副将的生日，举行隆重的庙会，祭奠和缅怀他们。张谨的生日八月初六，郭副将的生日二月初九，每到他们生日的前一天，张家人便到铁山祭扫祖墓，从坟头折来青枝，挂于英节庙戏台左柱之上。生日当天举行隆重的祭祖巡礼，而后就是请上戏班子，唱上三天三夜的"四平戏"。

斗转星移，"四平戏"越来越没有市场了，戏班子解散了，唱戏人都改行了。可先人的遗训不能政，请不到戏班子就自己上！张家子孙就自己组建了"业余戏班子"。"四平戏"大难不死，在英节庙的戏台上一代又一代原汁原味地流传下去。

每年二月初九，杨源那一块宁静的天地便会被震天动地的神铳和鞭炮声淹没。早饭后，杨源人便会早早来到英节庙，将祖先的塑像抬出，神铳开道，旌旗在侧，锣鼓随后，队伍浩浩荡荡，向着距村子有四华里左右的

桃花岛进发，将祖先塑像安放于岛中央的祭相坛之上，点香焚纸祭拜，而后齐声高唱"四平腔"。队伍所经之处，家家户户点炮焚香，毕恭毕敬地迎候。

下午，英节庙便成了杨源人聚集的中心。远远地传来几声神铳的闷响，顿时在庙中诵经朝拜的人群便骚动起来。人们三步并作两步走向门口，向着路的尽头眺望。不一会儿，一列队伍出现在路的那端，庙门口的人们便欢呼了起来，紧接着鞭炮声大作，烟雾弥漫。队伍与上午的大致无异，只是其中多了十余个身着古装、头戴古帽、面涂浓彩的人。这些人就是杨源人中唱"四平戏"的好手，他们将在英节庙的戏台上，为乡亲唱上三天三夜。队伍近了，杨源汉子的神情顿时专注起来，自觉地在庙里的两侧有序地排成两列，头向前倾，做冲刺状。老幼妇孺退于汉子后面，踮着脚尖，伸长脖子，透过汉子间的缝隙，将目光投向门口至大堂之间的走道上。当祖先塑像的轿子进入庙门，原先美妙的锣鼓声便无序地急促起来，人群高声地吆喝起来，顿时喝彩声、神铳声、鞭炮声混成一片。站在最前面的十几个汉子们冲上前去，用手高高托起轿子，以最快的速度跑向大堂。

安放好先祖后，"四平戏"便开场了。一钹一锣一鼓一梆，便是"四平戏"的所有伴奏乐器，三五人抵过千军万马，六七步踏平四海九州。如今，杨源的四平戏存有《苏秦》《金印记》《英雄会》等10余个剧目和数十个折子戏及手抄本，在唱腔上依然保留着"字多腔少，一泄而尽"和"一人启唱，众人接腔"的特色。在铿锵的锣鼓声中，主角登场。一番行云流水的拳脚把式之后，就是一段行云流水的唱腔，紧按着又是铿锵的锣鼓……台上的杨源汉子卖力地表演，台下的杨源人专注地聆听，整场上下始终没有掌声与喝彩。并非表演不精彩，而是因为无论是台上唱的，还是台下听的，杨源人都在用心感悟着"四平戏"，他们都是戏中之人。

许多人曾这么认为，在电子乐风行的现代，这老掉牙的艺术肯定长不了命。是呀！还有什么年轻人会喜欢这玩意儿呢？大家都在为它的命运担忧。在艺术节期间，有许多记者问到杨源人：你喜欢四平戏吗？杨源人的表情都很愕然，回答也有些含糊其辞，记者们很失望。其实，四平戏对于杨源人，根本没有喜欢与不喜欢之分，历经了400年的磨合与历练的四平戏，已经融入杨源人的生命之中，流淌在他们的血液里。问杨源人是否喜欢"四平戏"，就像问他们是否喜欢自己身体上的某部分一样，让他们感到唐突。"四平腔"的突出特色之一是"字多腔少，一泄而尽"，你听听杨源人说话，也不正是如此吗！建系方言的特点是比较硬仄、迟缓，独杨源人说话爽快、舒展，且极具音律色彩。"四平戏"的另外一个特点是"一人启口，众人接腔"，你看看杨源人的为人为事不也正是如此吗！杨源人团结、热爱家乡，一呼百应。去年农忙时期，鲤鱼溪上游有人误将农药倒入源头，造成"翻河"。一农民见溪中鲤鱼有翻白迹象，振臂一呼，于是家家户户、男女老少提着水桶从村子四面积聚而来，跳入河中，将鲤鱼一条一条的抱入水桶，提回家放进水缸养着。几天后再放入河中。看过、听过、细思量过后，你会发现，其实，四平戏就在杨源人的生活里头。

　　"四平戏"绝不了，除非是抽干所有杨源人的血！

（政和县）

缕缕银针茶

闽北政和是我可爱的家乡，那里山川秀美，土地丰腴，是个美丽富饶的地方。家乡风物最宜人，宜人当数银针茶。家乡茶叶的生产已有千余年的历史，并成为宋朝时的贡茶，留下许多美丽传奇的故事，成为人们的美谈佳话。相传宋政和五年（1115），有一天，徽宗皇帝喝了一口贡茶"白毫银针"，顿觉唇齿留香，沁入肺腑，心情逐渐好起来，从而喜动龙颜："方才朕喝的什么茶呀？"太监忙回话说："皇上喝的是闽省关隶县进贡的银针茶。"这时皇上又喝了几口，清香醇厚，滋润心田，回味无穷，深感白茶是个神奇的好东西，便口授圣旨：赐"政和"为关隶县名。从此，政和取代了关隶县名，沿用至今已近千年。在中国由皇帝亲赐年号的县城实属罕见，故而"政和"名声大振，经久不衰，可见政和白毫银针茶之魅力。是的，这美丽的传说激励一代又一代政和人发扬光大，种茶、爱茶、谈茶、饮茶已成为政和人的习俗与礼仪。银针茶至尊至贵，深得人们的喜爱，被历代文人学士推为茶中珍品。宋代诗人蔡襄有诗"北苑灵芽天下精"之赞誉，灵芽即银针茶也，可见政和茶叶之闻名遐迩了。

自古佳茗出高山，素有茶乡美誉的闽北政和，因出产特质的"银针茶"而闻名天下。其外形满披茸毛，芽尖嫩鲜，色白如银，熠熠闪光，芽长寸许，状若银针，故称之"白毫银针"。千百年来，银针茶给人们以不尽的物质和精神财富，并赋予深邃的文化内涵。是呀，家乡是个美丽而神奇的地方，山川秀美，峰峦叠嶂，雨量充沛，土壤肥沃，气候适宜，自然生态环境良好，是植物生长的理想之地，生产出许多名茶，有银针茶、工夫茶、乌龙茶、花茶等十多种名茶，畅销世界各地，备受青睐。政和名茶有其独特的传统栽培技术和加工制作工艺，其品质俱佳，韵味无穷，味甘温和，具有益脾胃、降血压、降胆固醇等功效，是优质的保健饮品，深受人们的喜爱。茶叶是家乡人民不可或缺的物种，为家乡人民创造无限的财富，与人们的生活息息相关。

我生长在茶区，对茶叶有着特殊的感情，从喝粗茶到品好茶，渐渐地品出茶的韵味，也品出人生的真谛。经常与同事们分享品茶之乐趣，讲述银针茶的栽培历史、生长习性、制作工艺、所含成分、特有功效等，娓娓道出银针贡茶与银针姑娘的美丽传说来。特别是在冬季，泡上一杯银针茶，呷上一口，一股暖流便涌上心头，流遍周身，令我心旷神怡。就是出差也随身带上银针茶，常拿出一包置于杯中，冲上开水。顷刻间，那白绒绒尖毛缓缓上升，如针如箭，又徐徐下降，沉入杯底，那情景蔚为奇观，充满诗情画意，让人浮想联翩。大家品一杯甘味醇厚的银针茶，感到心旷神怡，都夸我是茶的天使。是呀，我与茶叶结下了不解之缘，与茶为友，爱茶如命，缺少了茶就缺乏生命之活力，失去生活之意义。随着岁月流逝，我的品茶水平与日俱增，在家中、在办公室泡茶品味，或待客、或解渴、或提神、或享受，其乐无穷。就是出差，也要带上几包银针茶，以解思乡之愁。近年来，还潜心研究茶文化，写出许多论文发表于报刊杂志，让更多的人享受茶之韵味。

茶树有灵性，茶叶多可人。值得一提的是，每当春夏之时正是采茶繁忙时节。那满山遍野的茶园，一层层、一叠叠，风景独好，采茶姑娘穿梭在碧绿的茶园间，像是一道风景线。广阔的茶园呈现一派丰收景象。茶叶发展带动第三产业的繁荣，八方商人云集，生意红红火火。如今，政和龙头茶企有四十多家，尤其是白牡丹城、隆合、茂旺、泰云春、若香轩、福华、原华、七珍、侧蜂、瑞茗等龙头茶企带动政和茶业的快速发展。政和工夫、政和白茶已是"国优"名茶，多次在全省全国茶博会上夺冠，名声大振，红遍京城，红遍大江南北。今又喜闻"政和工夫"获"中国驰名商标"喜讯，更让家乡人骄傲与自豪。茶业的持续发展，极大丰富了群众的精神文化生活，演绎出多彩的茶文化，家家户户备茶，人人喝茶、谈茶，大街小巷茶楼处处，生意火红，形成独特的品茶、茶礼、茶诗、茶歌、配茶习俗，茶已融入了人们的日常生活之中……

我爱茶，更爱家乡的银针茶。它是我生活的一部分，是我最好的挚友；它是我精神之寄托，力量之源泉。银针茶啊，你是大自然对政和的慷慨馈赠，你是家乡的名茶，福建的名茶，中国的名茶。茶叶是地球上最神奇的植物，小小一片叶子，竟能加工成奇妙而多彩的茶品，为人类提供不尽的第一饮品。你生长在高山峡谷，滋润阳光雨露，吸吮大地养分，凝结人类聪明才智，与众不同，滋味独特，美妙无穷；你是灵性的植物，甘味醇厚，功效特殊，养神滋脏，魅力无限；你苗条的身姿，清淡的芳香，充分体现家乡人的性格和品质，展示内秀外美的风采。我敢说，世界上没有哪种饮品能与你争宠，你是世界上最最美妙神奇的饮品，备受全人类的喜爱。愿你和谐发展，永葆品质，造福人类到永远。

（政和县）

第四部分
乡训乡约

延平洋头门前水尾溪南苗坝奉宪碑

洋头村有上千年的历史，村中保存有一块光绪年间的珍贵历史文物"水尾溪南苗坝奉宪碑"。原来流经村前的两条小溪，一条发源于塔前虎山山麓，一条发源于塔前白叶山山下。两条小溪汇合处不远的地方建有一座水坝，灌溉良田千亩。只因屡遭放木经过（旧时木头运输都是靠河水漂流），任意冲毁砌石，致使水坝损坏，庄稼遭旱，农作物歉收，租种佃户无法缴纳田租。于是经各田主商议，按田亩派出钱文重新起造。但恐日后放木经过，难保无再坏之虞，于是派乡绅赴县请愿批准，合行出示俾尔农民勒石垂禁。

这一珍贵的历史文物得以完好保存下来，让我们一睹古代先人保护水利设施的乡规民约，幸甚。

附：

洋头门前水尾溪南苗坝奉宪碑原文

特授南平縣正堂加十级记录十次秋，为出示严禁事切，云盖里洋头门前水尾溪南苗坝水溢润田，计租数千余石，上供国课，下活民生。近因木客放木经过，任意冲损砌石，遍底崩流。以毁荒旱，一载未能成收。租主难供国课，耕者莫给饮食。嗣经各田主齐集，按田派出钱文三百余千，重新起造。但恐日后木头经过，难保无再坏之虞，是以董绅赴县请指示，吾岂容此以害良民也哉。除批准外，合行出示俾尔农民勒石垂禁。为此示仰木商人等知悉，如有放木经过此坝，务必先带钱文面会董事报明连数若干，每连应抽制钱一百文至有灭火薪经过，不论多寡，每溪应出制钱四百文，公积以为修坝之需，不许先过木头，后交坝租。以及将钱乱交他人收乾。如敢不遵许农民投保赴县指禀，定即饬差拘究，决不姑宽。各宜凛遵毋违特示，

光绪拾贰年拾壹月日给

（延平区）

振纲家塾文明塔

陈氏始祖乃河南满公，谥号胡公。公元1508年，颍川堂陈氏成德公为茫荡镇大洋　进田坊开基始祖，五百多年繁衍二十余代，人丁兴旺，先后立有《家法十二条》《家规二十四则》和《陈氏宗祠规则》等规制，历代崇文尚理，尊师重教。

振纲家塾坐落在风景秀丽的茫荡山大洋村，是闽北山区最早的书院之一。其前身为大洋人陈振纲于清乾隆五十八年（1793）为教化族人兴办的"书斋楼"。同治二年（1862），陈振纲嫡孙、恩科进士、曾任邵武县学训导的陈锡龄告老还乡后，举全族之力，在"书斋楼"原址扩建、创办家塾，引师设馆，教授学生，以其祖父振纲公命名为"振纲家塾"。

家塾为直前厅和后堂两进建筑。正堂为学生上课场所，左堂祀孔圣人雕像，右堂为授课先生办公批改作业之用。左边有二层建筑一座，一层为厨房、餐厅，二层是授课先生与外村学生宿舍，建筑面积达1000多平方米。紧邻书院建有文昌阁一座，内供祀文曲星君。家塾立有学规五条六十字："忠君国孝父母知廉耻守节义；勤思辨明事理禁颓惰尊师表；言忠信行笃敬勿争念闻过改；不谋利不计功慎交友学节俭；己不欲勿施人序依齿扬悌道。"本村少年及周边乡村有志求学之聪颖少年均免费入家塾就读，外村学子皆提供免费食宿，师资等一切费用由族人统筹支付。

振纲家塾以儒家思想教育为宗旨，灌输仁义礼智信思想，诸多学子都考取功名，先后有进士二名，举人、拔贡、秀才计70多名。如陈接标，咸丰辛酉武贡，赐进士，六品骠骑尉；陈云，光绪庚寅科贡元，待选教谕；傅龙章（百际村人），同治酉科岁贡，就职训导；林茂年（际头村人），光绪己科恩贡，就职教谕。民国后改革教育，分初级、中级、高等三班讲文施教，鼎盛时期有学生近百人，家塾学生中考入南平省立四中、建瓯省立师范者几十人。

文明塔坐落于大洋村东面300余米一山顶上，沿公路边270米的石阶而上直到聚福庵，经过绿荫上130坎便是。塔六角五层，塔高2.7米，塔内挖深井3.9米，内空直径2米，台面进深3.2米，塔顶呈葫芦状，用青石板打制叠成，外围亦用青石板围一直径9米的圆圈，周边峰峦叠翠，风景优美。

　　文明塔与振纲家塾颇有渊源。说起文明塔，当地还有个美丽的传说。说是玉皇大帝命水母娘娘专管天下之水，江河湖水最后全部流入大海。她每年都要量一次水，往年量水都很标准，没有什么出入。当人类发明了纸张后，水母娘娘每年量水都少了九十九斗水，而每少一斗水，水母娘娘身上的汗毛就要掉一根。这下水母娘娘可生气了，于是下令虾兵蟹将到处查访。可是查了多年都找不出一个所以然，水母娘娘气得大骂虾兵蟹将无能，不得已只得亲自查找原因。她将自己变成一村妇，来到人间走家串户，明察暗访，方知是少了人们磨墨的水，因墨水写到纸上变成文字不再流入大海。

　　水母娘娘想收回人们磨墨的水，就托梦给人们，说文字是人类文明的象征，要爱惜有字的纸，把它集中起来烧成灰，放到河里，让它流入大海，不然的话，人的眼睛会瞎掉。此后，人们再也不敢将字纸到处乱丢，

更加重教崇文，惜字如金。每家客厅均挂一字纸篓，凡是写有字的纸张，一律收起放入字纸篓内。在村庄后山建有字纸楼和焚纸炉。字纸楼为木结构，楼高6米，宽度6米，深度4.5米，内放大木柜二只，每只长度2.5米，宽度1.5米，高度1.2米。各户厅上竹篓装满字纸后，放进此木柜贮存。字纸焚化炉塔形青砖结构，高约4米，空心二层，中间用青砖条横向砌成，富有空隙，二层均开口，上层焚字纸，纸灰掉下层后扒出。每年农历七月十五日举行隆重的仪式，将各家各户字纸集中在字纸炉统一焚化。再将纸灰放在缸内密封，用红布包好。每年造一只小木船，一路敲锣打鼓，将装纸灰的木船送到南平明翠阁建溪边，点起三炷香，燃放烟花爆竹，将装纸灰的木船放入建溪中，让其顺流漂入大海，以还水母娘娘之愿。

民国初年，军阀混战，土匪为患，造成乡民运送纸灰不便。为安全计，陈锡龄召集族人捐资兴建一石塔，用来焚烧字纸贮存纸灰，取名"文明塔"，崇尚文明之意。每年七月十五以隆重仪式集中石塔内焚纸，让墨水水气升腾天空化成雨。

据"文明塔"塔文记载："此塔因何而造也，缘清朝同治年间，恩科进士特授邵武县学训导陈锡龄等立有文昌字纸会，名曰'芳社'，专收字纸焚化灰装放大河，因运送不便，故立此塔，敬贮字灰，以垂永久。"落款：民国壬戌十一年立。左侧刻"芳社经理督造董事陈际商"，右侧刻"古田十七都打石匠林正科"。

陈锡龄创建振纲家塾后，为教化族人尊师重教，以教兴乡，还成立了文昌字纸会，取名"芳社"，学友相互探讨文章，交流读书心得，村民积极参与，见贤思齐，尊师重教在乡里蔚然成风。

大洋人历来重教崇文，惜字如金。能供奉文昌阁，定然重视知识，敬重人才。在这里，方圆十里八乡，读书人是颇受推崇的。大洋的文化何以源远流长，厚重广博，可能与久远的可贵氛围有关。对字纸的珍敬，甚至对一片废纸的爱惜，充分反映了人民群众对文化的敬爱。

和文明塔类似的在全国各地亦有，如"字库塔""字纸塔"等，均是存贮字纸或字纸灰之塔，它们充分体现了炎黄子孙惜字如金、尊师重教、崇尚文字的传统美德。

（延平区）

赓续社仓济贫救困风

宋史记载："诸乡社仓，自掞之始。"绍兴二十年（1150），建阳县招贤里（现建阳区徐市镇）乡贤名士魏掞之（1116-1173），在自己家乡首创社仓，为当地百姓济贫救困，解决了当时南宋官府一时无法解决的难题。

魏掞之首创的社仓做法是在遇到灾荒歉收的年份实行平粜，把稻谷贷借给乡民，第二年收回，不收利息。他不为其名而图其实，不为个人而为众生，不逞一时而谋长久。自此，这项由魏　之首创的社仓，成为村社救助的主要模式，且一直沿用至清代，较好地解决了百姓在灾荒之年严重缺粮的生计问题。

作为社仓的发源地，徐市镇百姓并没有丢风忘祖，而是在不断地对济贫救困之善风进行赓续与创新。特别是2020年新冠肺炎肆虐，无论是政府还是村民，再次体现了帮扶济困的拳拳之心，徐市镇政府在长滩社仓遗址上建起了掞之亭，以示纪念。在《掞之亭记》中记述道："庚子年初，新冠肆虐。徐市人民勠力同心，扶危济困，共克时艰。今疫魔渐去，万物勃发。遥思感念先贤魏　之心系苍生、济民克艰之典范，徐市镇人民政府于初夏

在南宋先贤——魏掞之故里修建'掞之亭'，以倡扬掞之匡世济民之风尚……"

附近一带村民常领着子女到社仓遗址缅怀先贤，让子女受到熏陶和教育，使他们更加自觉地传承好祖辈留下的好善乐施的高尚品格。村民为拥有这位先贤留给后人宝贵的精神财富，脸上洋溢着满满的自豪，并在生活中自觉践行其贤德。

在魏掞之桑梓之地——宸前村，建起了掞之家训家风馆，让济贫救困的祖德代代相传。当地的主要领导也常到现场参观学习，要求从廉政建设的高度抓好传统文化传承，强调切实构筑乡风文明高地，树立振兴乡村时代新风。

在乡村振兴战略中，为进一步激发风清气正的社会正能量，提升"精、气、神"，徐市镇政府在镇建起掞之廊桥，以彩绘图画、对联等群众易于接受的方式进行全面宣传，让传统民风根植人心，走进千家万户。

2022年3月，徐市镇政府在镇上建成全区第一家公益餐厅——掞之长者食堂，其资金来源由政府出一点，掞之后裔捐款一点，社会爱心人士捐款一点，及用餐者本人也交纳一点，让贫困老人老有所养，老有所托，老有所乐，切实解决老人的吃饭困难问题，以创新方式赓续宋代社仓的济贫救困之善风。

如今，社仓之淳朴民风早已深入百姓心间。为进一步发扬光大，徐市镇政府通过建亭、建桥、建家风馆、建食堂，提升到全新的高度。同时建阳区政府也高度重视，在新建的用于承办2022年省运会的大型体育馆入口处，用浮雕方式把社仓第一人——魏掞之首创社仓的历史画卷表现出来，全面推动这一文明遗风传得更远，让中华优秀的传统文化在各个角落春风化雨，润物无声，代代相传。

（建阳区）

以赌禁赌

桂林乡上岚村头有座石拱桥，桥头立着一块石碑，上面刻着三个大字："禁赌碑"。凡上了年纪的桂林人，都知道这块石碑的来历。20世纪30年代，桂林乡盛行赌博，许多人把家产赌光，有的人就典房卖契，有的人甚至卖儿卖妻，搞得妻离子散，家破人亡。

有一天，村里传着一条新闻，家里凡有参加过赌博的人都接到村里乡绅傅保民的一张请帖：当月十五中午请赌宴，下午在院子里开赌会，不用带一分钱，白吃他家的酒菜，空手来赌他家的家产。一时间，好赌的村民热情高涨，苦练赌术，摩拳擦掌备战。

十五这一天，全村57名接到请帖的"赌棍"准时上傅府赴宴。宴席开始，傅乡绅命家丁把门关上，并宣布规矩：凡把桌上自己的那一份菜吃光的，可获得五十块大洋的赌本，并获得下午参加赌会的资格，吃不干净的，砍下一根手指。下午与傅家赌博，谁如果赢了，可得到傅家的百亩良田，如果输了砍掉一只手的全部手指。大家都说愿赌服输。

菜一盘一盘地上来了。第一盘叫麻将，是一个一个用苦槠糕做成的绿色麻将，好看但吃到嘴里比苦瓜还苦，大家勉强都吃下去了；第二盘叫骰子，用芋头丁做成，佐料是黄连粉，吃起来直叫人反胃，但还是像吃药一样吞下去了；第三盘叫妻离子散，用荠菜、黄梨、豆子、细砂炒制而成，尽管难吃，也被咽下了；第四盘叫家破人亡，用五加皮、砂仁、麻黄碱味中药熬汤，明知吃了会拉肚子也只好捏着鼻子喝下。

大家吃尽了苦头才吃完了"赌宴"，虽然都拿到了五十块大洋，有的人也略有所悟，但用五个指头赌百亩良田的诱惑太大了，于是没有一个人愿意退场。

下午的赌会开始。赌博道具是骰子，掷骰子，赌大小，九局五胜制。傅家出场的代表没有一个是"赌棍"们认识的，但大家并没有想那么多，反正赌场上无父母，愿赌服输。可谁想，一个下午赌下来，五十几个"赌棍"没有一个人赢，全输了，这就意味着57个人的手指都要留在傅家。有几个年轻力壮一点的"赌棍"认为傅家做了手脚，想发作，但看看站在边上如狼似虎的家丁，就不敢吭声了。

天黑下来，傅乡绅令下人打起了松明把。他站在高处大声问道："乡亲们，你们今天赌够了没有？谁没赌够的把另一只手的手指继续拿来押！"被今天这么一折腾，大家已闻赌色变，七嘴八舌回答"不敢赌了"，"再赌就不是人了"。傅乡绅又继续问道："那你们的手指怎么办呢？"被这一问，底下众"赌棍"面面相觑，有个大胆点的"赌棍"站了出来道："傅老大，我愿赌服输！五个指头在这里，想怎么处理你说了算！"于是，大家也都附和，纷纷把手指头伸出来，请傅老大发落。

傅乡绅严肃地说道："赌博让你们倾家荡产、妻离子散不算，还让你们的人性丢失了，不忠不孝，禽兽不如，把父母给的身体、生命也拿去赌！"他接着说："我今天这样发落，先把你们的手指寄在你们手上，你们每人只要打一张欠条，保证今后不再赌博。如果有谁再敢赌，我随时都可以把你们的手指收回。"

傅乡绅话音一落，大家齐声称谢。

在傅乡绅的倡导下，大家把村里的所有麻将骰子、扑克牌等赌博工具全搜了出来，拿到拱桥上当众烧毁，并在拱桥头立起一块高大的禁赌石碑，以示后人。

桂林乡上岚村从此赌博绝迹。可村民到死也不明白，代表傅家的那些赌博高手是从哪里来的，也许只有傅保民自己才清楚。

（邵武市）

另类石碑——禁鸭碑

邵武城郊莲花山有一块鲜为人知、令人奇怪的石碑，叫"公禁鸭子来往"碑，碑高八十厘米（含底座），宽四十厘米，厚六厘米，碑文用楷书刻写"公禁鸭子来往"，碑文如下："盖闻天气动于上而人为应之，人为动于下而天瓮从之，是故风雨晦暝饥。谨荐臻□本天时之，告炎未始，非人事之，感召也，切愚众等。世住莲花山耕种，历年秋季每多暴风吹坏五谷，四处无风唯敞处有之。众皆骇然，不知其故。诸父老传闻云祥山有鸭公神，凡遇鸭子往过一番，必有一番大风。先年也尝禁止，今秋试验，一一不爽。于是众等重申禁约，每年立秋至立冬止，百日之内不许莲花山往过，如有不遵者罚□三千文。谨列碑申禁预告，四方鸭子客人知音共谅。上至程家山上；左至张家坊止；前至西坪止；右

至官　止。道光二十六年月日立秋立。"

禁碑经过一百余年风雨侵蚀，有些斑驳，经擦洗，基本完好。碑文无标点符号，由笔者添加，从而内容或许更为清晰。

石碑立于莲花山峰下，莲花山寺往官　的山坳路口。这条路原先是驿道（亦叫官道），通往洋坑、大竹等地。莲花山与祥云山隔山相望。相传祥云山常有云气，树木繁盛，山中有个鸭公精，经过千年修炼，具有呼风唤雨的法术，在清朝道光年间，平时蛰伏修炼，立秋至立冬便出来兴风作浪，残害乡邻百姓，民众苦不堪言。当地村民只好杀猪宰羊、杀鸡宰鸭供奉鸭公精，祈求它不要伤害百姓。可是鸭公精不为所动，依然我行我素。莲花山庵慧圆师太看到百姓受苦受难，对鸭公精的恶行十分气愤，施展法术将鸭公精驱赶回祥云山，保护莲花山一方百姓安宁。鸭公精再也不敢越界肆虐，但是仍可隔山施法。凡有鸭子经过莲花山，就会山风阵阵，乌云翻滚，树摇叶落，将鸭子掳走，供其享用。这种情况屡屡发生，村民也曾禁止过，仍有人赶鸭子来往莲花山，都会一番大风，鸭子尽数丢失。当地乡绅雇人刻"公禁鸭子来往"石碑，立于驿道路口，并规定禁止来往范围和违禁者惩罚数额，以防不测。

自从清道光二十六年（1846）立秋立碑，莲花山再无鸭子来往，鸭公精无计可施，只好躲在祥云山修炼。现在，"公禁鸭子来往"石碑所立的地方。只是一条小路，已不是当时往来通行的大道，然而，这块让人匪夷所思的石碑却记载了那段苦涩传说的历史。

（邵武市）

武夷"三廉石"

武夷山现存有二方石碑，一方勒石，因铭文均以"戒饬官吏，劝勉廉洁"为内容，故人们将其称为武夷"三廉石"。千百年来，无数后人来到它的面前，诉说困惑，剖析心灵，感悟王朝盛衰更替的真谛，咀嚼那熟稔但又带着苦涩的历史记忆。

一、不辱官箴的"戒石铭"

武夷山文庙旁立有一方石碑，名曰"戒石铭"。

太平兴国年间，宋太宗为刷新吏治，从孟昶《颁令箴》中摘"尔俸尔禄，民脂民膏，下民易虐，上天难欺"四句为"十六字官箴"。

据民国《崇安县新志·大事卷》记载："宋建炎二年六月，令刻戒石铭，颁于州县。"自宋以来，戒石铭或立县署门前，或立官署正厅甬道，为的是让为官者能晨夕接目，不敢忽忘。

通篇"戒石铭"，要义就是一个"戒"字。不消说，"戒"的就是"虐民"，"戒"的就是"欺天"，"戒"的就是贪欲。

二、开宗明义的"青莲池"

武夷山云窝幼溪草庐前，有陈省勒石"石沼青莲"一方，旁有莲池一口，因有勒石"青莲"，故名"清莲池"。

明末，卖官鬻爵盛行，陈省以"吾廉吏，何以贿官"自勉，宁愿丢官也拒行

贿。归隐武夷山时，在草庐前石矶上凿池植荷，勒石明志。每当夏始春余，莲花颔首，莲蓬摇曳。漫步池畔，幽香缕缕随风飘逸。《爱莲说》中"中通外直，不蔓不枝，香远益清，亭亭净植"的情操跃然纸上。身临其境，周敦颐江西星子官署旁的莲池、莲亭，莲花洞，仿佛一齐聚集到了眼前。

"青莲"，开宗明义，指的就是"清廉"。"出淤泥而不染，濯清涟而不妖"，千百年来人们不厌其烦地写莲颂莲，其实就是为了说"廉"。

三、天敬人畏的"六知碑"

"六知碑"原为北宋名宦刘夔的《墓志铭》，因碑文有"畏六知"而得名，故亦称"六知碑"。

六知碑记载：祥符年间，刘夔任职成都。当地进士张惟几，乘深夜无人之际，携"俩伲儿"见刘夔。以"公贫窭，出黄金一饼为赘"。刘夔拍案而起，说道："杨伯起畏四知，今六知矣！可不畏乎？"张惟几只好"收金怯惧而去"。

刘夔，崇安城关人，先后历兵、工、户、吏部，主管军事、河工、兴建、制造、税赋，以及官吏任免、考课、升迁，可谓权倾朝野。《崇安县新志·人物卷》记载：刘夔一生余宽百姓，不治财产，节廉之声，清水之誉，名闻天下。致仕还家时，将行囊示于众人，囊中除书本之外，竟空无一物，令前来送行者无不为之动容。

六知碑中提到的杨伯起畏"四知"，指的是人们常挂嘴边的"天知、地知、你知、我知"那句口头禅。然而，张惟几携"俩伲儿"见刘夔，故刘夔说："杨伯起畏四知，今六知矣！"

"六知"与"四知"虽数字不同，但文同理一。

吏治系国运，清廉决兴亡。面对贪腐蔓延的严峻形势，面对"治国必治吏，治吏廉为先"的古老命题，面对"其兴也勃焉，其亡也忽焉"的现实存在，面对兴衰治乱，循环不已"周期率"的历史魔咒，武夷"三廉石"的古训尽管逾越千年，仍似洪钟大吕，震聋发聩，给今天的人们以无尽的警醒与启迪。

（武夷山市）

"四知家风" 名天下

"天知、地知、你知、我知"是中国最知名的口头禅,但它的寓意和出处,恐怕就不是人人都知道的。

世居武夷山杨姓族人,珍藏的明代《杨氏宗谱》记载了这样一个典故:

汉延光年间,杨震迁荆州刺史、东莱太守。当之郡,道经昌邑,故所举荆州茂才王密为昌邑令,谒见,至夜怀金十斤以遗震。

震曰:"故人知君,君不知故人,何也?"

密曰:"暮夜无知者。"

震曰:"汝顶天而来,踏地而去。天知、地知、你知、我知,何谓无知者?"

两千年多前的那个夜晚,杨震的一句"天知、地知、你知、我知"成就了一个"暮夜拒金"的著名典故,一个流传万代的"四知"口头禅。从此,杨震便被后人尊为"四知先生",杨氏一族以"四知"为荣,子孙也以"四知堂"为号,以示先祖的清白家风。

杨震号称"关西孔子",其子杨秉、孙杨赐、重孙杨彪皆为太尉,时称"四世太尉""东京名族"。

杨震生前为其子孙确立了良好家风,他的儿子杨秉,居官也同样清正廉洁,并且以弹劾贪官污吏为重要职责。他在出任豫、荆、徐、衮四州刺史,一直按自定的极低俸禄标准计日受禄,余禄绝不积攒入私门,多一天也不肯要。

杨秉曾被诬陷,罢官归里,便"雅素清俭,家至贫困,并日而食(两天只吃一天饭)",同僚不忍,以钱接济,但他却拒不接受。

杨秉生性不饮酒，夫人早逝不再续娶，人称"淳白"之人。杨秉曰："我有三不惑，即酒、色、财也。"

杨震的孙子杨赐，曾孙杨彪，虽亦位列"三公"，身为帝师，也均能以乃祖为榜样，廉洁自律，始终不改孔颜乐处，一身正气，两袖清风，并能直言进谏以正君心，不阿真相。有一次杨赐因言辞激烈，得罪了皇帝被免官。后来皇帝查清了事情的真相，下诏恢复了他的职位，并下诏加封为临晋侯，食邑一千五百户。

又有一次，黄门令王甫纵容其下属搜刮国家财产七千多万，时任侍中和京兆尹的杨彪查知，立即将其罪行上奏皇上，使其受到严厉惩处，天下臣民拍手称快。

杨震一门四代德业相继，被时人目为知识阶层和士大夫的精神领袖，其流风余韵千古流传不绝。

杨姓是入住武夷山较早的氏族。民国《崇安县新志·氏族》记载："杨氏世居弘农、华阴之间，宋末避元兵之乱来迁。其子孙繁衍于张山头、夏阳、吴屯等处。"这些"四知"的裔孙们秉承祖训，做人清白，做官清廉，世世代代在武夷山开枝散叶，传续至今。

（武夷山市）

一句家训，万木成林

杨达卿（1305-1378），名福兴，字茂兴，是杨荣的祖父。元明时建安龙津白塔（今建瓯市房道镇）人，是一位乐善好施的开明富绅。元末至正十三年（1353），"早霜为害，晚禾无收，全省大饥"，建安地处闽北山区，霜冻之灾更为严重。第二年春季灾民们更是青黄不接，乡绅杨达卿看在眼里，急在心头，声称要替大富山（今万木林）上的祖坟种植风水林，谁帮他在山上种一棵树，他就给谁一斗稻谷。周围的乡亲们知道后，喜出望外，纷纷前往大富山种树，你一棵，我一棵，很快整座山就种满了树苗。期间，乡亲们只要前往杨家自报种了多少棵树苗，就能领到相应斗数的稻谷。树苗种好后，杨达卿担心有人会上山砍伐木材，破坏动植物的生存环境，每年正月都要大摆酒席，宴请乡人，请求大家不要到山上随便砍树。

一天晚上，他做了一个奇怪的梦，梦见一个仙风道骨的白衣老人执杖而来，站在床前，对他说："你种的树木已经长成了，以后要好好保护……"他醒来后认为是山神来提醒他，助他完成祖上风水林的种植。因此他立下祖训，告诫子孙山上的树木不能乱砍，不能出卖，只有在遇到几种特殊情况才可动用，如建学校、盖庙宇、修桥、造船，或是捐给穷人做棺木等。他的子孙严格遵从祖先的教诲，因此森林繁衍得很好，树木越来越茂盛，通过几代杨家人及附近村民的精心保护，终于形成了今天的万木林。

杨达卿以"植树一株，偿以斗粟"这一以工代赈的办法，既种植了树木又遂了救济灾民的心愿，可谓极为睿智之举。从灾民自报树苗的数量来领取稻谷，就足以证明杨达卿"种树求近，积德致远"的理念。当时福建行省左丞阮德柔感叹杨达卿这一善举，给大富山取名为"万木园"，并画了一幅万木林图，以表示杨达卿植树、赈灾的功绩。如果说万木林的出现充满了故事性，那么她的保护与发展，则反映了杨达卿身上那种值得传承的人文精神。

这就是现在闻名遐迩的"万木林"。1958年经国务院定为重点保护的国家封禁林。现有树种58科，138属、260种，是研究森林学的重要基地，也是旅游的好地方，有公路直通万木林保护区管理站。

（建瓯市）

请公亲 吃和面

在顺昌岚下地区，家族内一旦发生分家产、分遗产等内部纠纷，家人调停不下的，由族长出面请双方的母舅、舅公出面调解，或是由族长出面调解，公议下来就算解决了，不得节外生枝，这叫请公亲。

民间非家族内的纠纷，则由"绅士家"出面调解，叫作"吃和面"。

绅士家并非都是有钱有势的人，多是当地有声望、有学问、有办事能力又能主持公道的人，多为秀才、贡士、举人等有功名的人。

当绅士家仔细听完两边陈述后，分析利害，劝解说理，息事宁人，或进行判断。会后，由争执双方各出一些钱，炒几盘菜，拿一些酒，吃一餐面，两家逐言归于好。

要是一方无理且蓄意欺侮人，造成社会影响很坏的，罚他在乡村四方点烛，放鞭炮赔礼，让公众知道是非。

"请公亲""吃和面"，都经过公议判断是非，略为讲理的人都能心服口服。如存心蛮横胡闹、泼妇骂街，则要受到公众舆论谴责，他就会在村内的名誉扫地，人们不相信他、讨厌他。甚至他家有漂亮的女儿，人家也不敢去提亲，谁找一个名声很臭的人当亲家呢！

（顺昌县）

建房上梁祭鲁班

　　早年，顺昌县各农村兴建民房，大部分村民都是建造简易的土木结构小瓦房。村民们为了求个平安吉利，在扶楅上梁之时，必须择个黄道吉日，举行一次隆重的上梁仪式。

　　上梁，木匠师傅是上梁的主持人，他首先要请鲁班祖师就神位，祭桌上摆放着木制鲁班五尺（代师父神位）、墨斗、曲尺、凿子、刨子等祭品。片刻木匠师傅放开喉咙祭祖师："一不祭天，二不祭地，单祭我师父（鲁班五尺）头上起，一祭墨斗金丝线，二祭曲尺管四方，三祭凿子分上下，四祭刨子刨得光。"稍时，上梁时辰已到，木匠师傅手提公鸡上场，割破鸡咽喉血滴梁上。此时，他大声喝彩："富易！手提公鸡似凤凰，生得头高尾又长，头戴凤冠高银耳，身穿五色紫龙袍，闲人提鸡无用处，唯有鲁班弟子祭栋梁。"随着众人扶楅上梁的喝彩声和鞭炮声，木梁从地面腾空徐徐升起，安放在正梁位置上。这时，眼看木匠师傅手拿红绸跨步走上梁，高声喝彩："富易！手拿绫罗无数长，绫罗出产在苏杭，苏州能手金巧女，织成绫罗祭栋梁。"接着回酒祭梁，边绕边唱："富易！手拿贤柬一对瓶，千两黄金巧打成，上面打起狮子来盖顶，下面打起莲花托酒瓶。酒是谁人来制造？涂高仙师来制造，寅时做酒卯时香……"在祭梁的同时，木匠师傅向东、西、南、北四个方向丢糍粑，投米　，抛五谷，放鞭炮，以示平安吉利。

　　建房上梁，村里亲朋好友纷纷登门祝贺，礼品有烛炮、红绸、镜框等，场面十分热闹。

（顺昌县）

清代"公禁陋规"石碑的故事

在光泽城区后街的"杨孟龄民俗馆"中，保留有一块清代民众立的盐政管理"公禁陋规"石碑，碑文记述了清嘉庆年间当地洪济坊民众抗争掌管盐业官吏贪财勒索的不法行为，以及争取到食盐正常供应的故事。

食盐在清代作为国计民生的重要物资，由官府进行专管，各级都设有官员管理盐务。省里设有盐运史，县里设有盐书，负责对盐的供应分配、购买和征税、稽查、监督等管理。光泽地处闽北山区，闽江富屯溪源头，与江西交界，而食盐产在沿海地区，当年交通远非今天可比，陆路行走也非常困难。送食盐到光泽都是沿山环绕的小路，靠人挑和独轮车运输，数量有限。运往光泽的食盐基本都靠船筏水运。虽然运送数量多些，但水路也不好走，是逆流而上，滩多水急，古有"一滩高一丈，光泽在天上"之说。运盐的船只往返时间长，数量还是不足，所以光泽食盐供应一直比较紧张。

嘉庆年间，光泽县衙有一位盐书，名叫万全。他是当地一霸，是个贪婪无耻、无恶不作之人。与府县衙门官吏称兄道弟，常有往来。他见盐书是个肥缺，食盐奇货可居，就设法运动，谋到了这个职位。他上任以来，成天不想为民办事，却只想往自己口袋里弄钱。利用食盐紧俏之机，无理地规定民众购盐要经他批准才行，而且让不让买，买多买少都由他说了算，达到从中盘剥、敲诈勒索的目的。多出来的盐他高价出售，中饱私囊。搞得民众购盐手续非常麻烦，很多人为此常常买不到盐吃，造成全身上下浮肿。更有人无法，只好自己炼制土盐凑合食用。当时全县民众都怨声载道，对这位盐书非常气愤，但大多只是敢怒不敢言。城内有一位叫裘尹臣的监生，为人正直，敢于仗义执言，在当地一向为人敬重。他目睹万全一直这样利用食盐而牟利害民的丑恶行径，气愤地拍案而起。他知道府县衙门官吏与万全已是沆瀣一气，告了也没用，就代表光泽民众写状纸向省官府控告这个不法盐书，还组织一些有胆气的民众，准备赴省告状，非要把这个害民官吏拉下马来。

开始省衙门也有一些官吏与下面勾结，狼狈为奸，将上告的状子转给府县衙门，直接到万全手中。他恼羞成怒，一方面在供应食盐上更加肆无忌惮，变本加厉地盘剥，还借口食盐断货，一度停止供应，另一方面威胁裘尹臣监生，并雇请地痞流氓殴打其他上告的人，从而引起民众的更加气愤。

裘尹臣面对威胁，毫不畏惧，下决心再告，一定要把这个不法害民的盐书告倒。接二连三的民众为食盐告状的信，终于让总督和巡抚等高官收到。他们认为食盐供应小事不小，事关民情，这样下去会有损皇恩。于是严令省布政使司、提刑按察使司、盐法道三家派员下到光泽进行核实，严加查办。万全听说后吓得半死，马上到处行贿送礼，请人进言说情。因为是总督巡抚重视的案子，办案人员也不敢糊弄。他们在光泽经过多日的上下走访，几番查证，结果发现光泽盐政管理确如民众告状所言，存在很多

私弊。于是在证据确凿、事实清楚的情况下，为表明公正，官府最后让这位贪婪无法的盐书受了杖刑重责，还被革去了盐书一职，赶出了县衙，于是光泽城乡民愤遂平。

当时光泽城乡民众欢欣鼓舞，奔走相告。随后为了规范民众食盐的管理和供应，当时的知县受上峰的交代，体察民情，广听民意，准许民众自己来制定食盐供应的有关规定。于是民众经过推举，由县举人陈禹昌来拟写《民盐章程》。陈禹昌文采过人，才德双全，民众信服。他毫不推辞，马上写出了《民盐章程》的初

稿，组织民众对进行讨论定稿。《民盐章程》对运输、领折、供应等食盐管理环节都进行了详细规定，并经县衙审核在当年七月开始施行。县内食盐供应此后采取民众自备盐折，送盐馆签印，每月持折向盐仓买盐。以后每年二月向盐馆更换新折，不需要经盐书之手，也没有了中间盘剥，从而保证民众食盐的正常供应。

为了铭记光泽县民众取得了抗争不法盐官的胜利这起事件，杜绝盐政管理中的陋规陋习，县城洪济坊民众专门立碑镌文以记其事及规定，以为今后警示和共同遵守，这个故事也就流传了下来。

（光泽县）

我与"上官"有个"约会"

小时候偶读《姓氏歌》："中国姓氏有很多，赵、钱、孙、李，周、吴、郑、王，诸葛、东方、上官、欧阳……"感觉复姓特别高端，有一种说不清道不明的独特魅力吸引着我，甚至默默在心里为自己取了好多复姓的名字。后来看《武则天》，被剧中上官婉儿的聪慧善文所折服，从此"上官"秒杀了我心中的其他所有复姓成为我最向往的一个姓氏。

复姓的来源较多，例如官名、封邑、职业等，有些则源于少数民族改姓。"上官"出自芈姓。春秋时，楚庄王封他的小儿子兰为上官邑大夫，兰的后代子孙遂以邑名为姓，称"上官氏"。

机缘巧合，抑或是冥冥中的注定，我的老公就姓"上官"，家住光泽县鸾凤乡上屯村。初到上屯村，感叹这里人情淳朴、气候宜人的同时，我发现这里竟然住着一个族系的"上官"，大家互相帮助，不分彼此，将整个村组变成了一个和睦的大家庭。也许是爱屋及乌吧，我热爱上了这个大家庭。

与老公结婚生子后，我对"上官"的了解逐渐加深，也知道了促使这个大家庭一直和谐相处的根本：上官氏宗谱家规。

上官氏宗谱家规共九条：

一、敦孝弟：夫孝弟为人伦之本，爱亲敬长之良，虽孩提之童，亦所能知，克全此者，庶可为人。

二、严冢祀：祖堂祖冢祀田皆先人所立，心力艰苦所贻，于后人者务宜酌定章程，以为世守，毋得更改。

三、重师教：夫民生有三事之如一，父生之，师教之，则尊师取友，子弟方有成立，日就月将，乃可绍继书香。

四、睦宗族：夫宗族为一本之谊，岂可无雍睦之风，然八家同井，尚且出入相友，守望相助，疾病相扶。

五、戒争讼：朱文公云，居家戒争讼，讼则终恼，诚哉是言也。若被外人欺凌者，族间务必出身扶助，以增家光，不得坐视成败。

六、饬廉隅：夫砥砺廉隅为立身之大节，无论智贤否，皆宜各修其身，故凡奸淫邪盗，悖逆父母，凌犯尊长，兄弟阋墙，一切极丧天良，实属无耻之徒，循良子弟断不出此。

七、尚节俭：朱子云，一粥一饭，当思来处不易；半丝半缕，恒念物力维艰。凡我族内子侄，各宜循规蹈矩，克俭克勤，以毋忘祖德宗功可耳。

八、遵礼法：礼云，有礼则安，无礼则危，庭帏内外，尊卑有分，长幼有序。易曰男正位乎外，女正位乎内，一切纲常之事，皆宜严肃也。

九、重作养：从来人家欲荣耀门庭，必培植子弟为先，倘任其安逸不为教读，虽有聪明子弟流为下愚矣，愿我族人各宜遵之。

凡九条皆为齐家之道，凡有家长父兄之责者，各宜时时教诫，严加督责，勿以语意庸浅而置之度外可也。

"上官家训"可谓面面俱到，从根源上引导着上官家族积极向上、奋发图强。

（光泽县）

风水林·奉禁碑

"深山最深处，禽落自成村。牵牛天上出，鸣鸡林外闻。"

松溪村落多为依山建造，村前或村后几乎都有一丛浓郁茂密的树林，少则几亩，多则几十、上百亩。这些树林，大都是祖辈传下来的，高大茂密，苍翠挺拔，已有数十乃至几百年的历史，被称之为风水林。风水林是当地村民精神的寄托，他们把风水林看成是希望的源泉，把风水林的长势当成是全村盛衰的标志，故而对风水林情有独钟，爱护有加。

为了共同维护风水林的繁荣昌盛，村里立下村规民约，规定风水林内的一草一木都不能攀折，更不能采樵。如有违背必当罚款，或罚把猪肉、肉饼等分发给村里的每一户人家，有的乡村还规定罚请戏班演一场戏。出

钱出物是小事，被乡亲们在旁边数落着，在身后指戳着，更令人难堪。为防止山林火灾，村规约定每年正月或八月初一为"开路日"，村里要组织村民修辟防火路。

在法制缺失的古代，乡规就成了约束人们道德行为的准绳。正是这种强大的民间力量，使风水林得以世代保存，起着保持水土、涵养水源、调节气候和保护房屋的多种环保作用。

也正因为法制缺失，所以以官府名义对破坏森林的行为提出"禁革"的松溪大布"永禁革碑"，就显得更加的弥足珍贵。

河东乡大布村溪边亭坊门外，保留着一块清乾隆三十四年（1769）所立的"永禁革碑"。这块碑高1.5米，宽82厘米，厚13厘米，是当时大布村民陈承达等人刻立的。碑文内容是本县正堂知县丁杰给该村的一件批复，主要禁砍大布村东面樟垅山一带闽浙两省结合部的全部森林，以保护水源，保护水利设施。

文内提道："康熙年间奉詹主示禁，其山虽有宦民林木，无论公私概留，以荫水源，不许擅行批砍。溪坝廿余座，灌田数万余亩，数村课食所赖，严饬永杜运放。"这说明早在康熙年间，人们就认识到山林树木应留起来用以保护水源。砍伐了森林，也就是消灭了水源的保障。有了水源才能兴建水利溪坝，引水灌溉，进行农业生产，使"国课""民食"有了保证。

碑文末段重申："查樟垅山历久留植树木，系遮荫水源，滋润田土，叠经前县示禁，经本县示禁在案……嗣后樟垅山一派，无论长尾樟料、松杉杂树，俱不许砍运，即浙地树木，亦不许于魏屯溪运放……"并且明确下令"倘有不遵，准许据实指名控告"，决心对违令者"严拿重究，决不姑宽"。这表明了官府对保护森林，保护水源，保护水利，保护耕地的决心。

碑文阐明了林、水、粮的相互依存关系，表明我国早在17世纪初，有识之士就已经意识到自然界的生存法则。这块碑对于研究我国林业史、水利史都是一件珍贵的实物资料。

无论是保护"风水林"的乡规民约，还是"永禁革碑"，都体现了古人朴素的环保意识和"可持续"发展观，也反映了松溪人民质朴的人与自然和谐相处的美好愿望。

（松溪县）

镇前鲤鱼溪的故事

千年古镇，历史悠久，镇前位于九峰山脉海拔1000多米山峦中，四面环山，山体不高，每个山包大约在300-500米之间，相互拥抱，层层叠叠。满山遍野的松树、杉树，还有不少叫不出名称的低矮灌木，山顶和岩石间高山野草坚强地依附在薄薄的土层上，红的、白的、紫的、粉红的各种各样杜鹃花三五成群恣意勃勃地点缀山野，傲视寒春冻雨，笑迎匆匆行走于山间古道上的盐商茶客。山谷间柳杉、油杉疏密相间，郁郁葱葱，大大小小的溪涧把山上的雨水如同倒挂的雨伞汇聚在一起，呼朋引伴就像赶集一样组成一溪清流，自西向东环绕镇前的一片田野，经过镇中间的鲤鱼溪款款向西流去。

镇前鲤鱼溪远近闻名，有一段人鲤同戏的神话传说，吸引八方游客竞相前来观鲤鱼，听佳话，敬神鱼。相传一千多年前，镇里有一位姓叶的富人主要做茶盐生意起家，在镇里还开了一家客栈，供往来盐商茶客和挑夫夜宿。这位富人为人宽厚善良，而且乐善好施，凡是修路建桥，建祠立寺，总是带头捐钱捐物，尽量抽空参与组织筹划。每年春夏之交，青黄不接之时，都会拿出一部分钱粮去接济一些穷苦人家，总是饱餐饱饭善待家仆佣人，要求家仆佣人按规做事，不准欺负他人。对为他家种地　雇农也特别好，每年交给他家的谷租总是比别人的少一两成。叶家的雇农下田干活做事也特别仔细，很是用心，对叶家田里的土挖得深一些，杂草根除得也特别干净，就连田里的鱼虾都特别爱惜。

叶家沿溪两岸有一片农田，这片水田里泥鳅、黄鳝、田螺、鱼虾、龟鳖样样都有，多且肥大。奇怪的是有一群鲤鱼，每年春播之后，就会从溪里翻跃到水田里，专门觅食庄稼的害虫。因此，这片农田禾苗长得高大粗壮，收成自然比别的田地高出不少，种地的雇农一家人对田里鲤鱼更是爱惜有加，总是将饭菜省下一口喂食鲤鱼。久而久之，鲤鱼也把这户家人当作朋友或自家人，只要听到他们的脚步声，大的鲤鱼就会带着一群小鲤鱼欢快地前来迎接，有的蹦出水面，打起一个漂亮的浪花；有的在水中翻滚打转，像在舞台上跳舞，有的撒娇似的张开大嘴，吹出一个个水泡泡，逗着你嬉戏，人鱼共处其乐融融。

一年端午节前夕，叶姓富人和往年一样给雇工和佣人家里分发过节糯米等物品，只是今年比往年多给了一些糯米。由于这两天特别闷热，雇工一家人包好煮熟的粽子之后，就想早点拿给自家田里溪里鱼儿尝尝鲜。可是不知咋的，今天的鱼儿不但不吃，反而使劲地往岸上蹦跳，如此反复不停。雇工一家人不知如何是好，担心鲤鱼是不是生病了，就早早上床睡觉准备第二天上山找点草药喂鱼。正睡间，突然有人撞开他家的窗户对他喊道："主人，主人！要发大水啦，赶快搬家！赶快搬家！"雇工冷不丁一跳醒来，一晚没睡，琢磨着这事有点蹊跷。第二天清晨早早就把事情一五一十告诉叶姓东家，叶姓东家边听边点头，神色严肃地说："我昨晚也梦见溪里的那只大鲤鱼，神灵真是有眼啊！要通知村子里的人，赶紧搬家，撤离到后门山去！"

当村民们转移到安全地带时，傍晚时分，天空乌云密布，大雨倾盆而下，山洪暴发，裹挟着杂草灌木滚滚而来，顷刻间，大半个村庄淹没于滔滔洪水中，村民们躲过了一场劫难。从此，人们为报答鲤鱼救命之恩，立碑禁渔，订下保护鲤鱼溪的乡规民约，把鲤鱼当作神灵供养，镇前人民爱鱼蔚然成风，世代传承下来。

（政和县）

颜家的人为何不吃狗肉

在政和澄源与庆元交界一带，山高路险，地广人稀，这里从林密布，参天大树郁郁葱葱，是豺狼虎豹、野猪猿猴等野生动物的天堂。在这丛林峡谷间，有个村庄名叫翠溪，全村居民都姓颜，据家谱记载，颜姓人家是唐代著名书法家颜真卿的后代。在五代十国时期，统治阶层争权夺利，相互倾轧，朝廷更替频繁，社会动荡不安。有一个名叫颜虬松的裔孙厌倦朝廷纷争，无意仕途，弃官入闽。颜虬松崇尚道教，遵从天人合一，顺应自然而生。他经过赤溪时，看到树木苍翠挺拔，峰峦叠翠，溪水清明碧透，溪涧潆洄丛林山谷之中；树林间百鸟鸣吟，飞禽走兽徜徉其间，悠然自得。这般景象如同桃源胜境，正是他无数次梦境里苦苦寻找的家园，就二话不说定居赤溪。颜虬松在赤溪安家之后，除了开垦农田发展生产之外，特别重视保护赤溪一带的山山水水，一草一木。平日经常深入山谷间采集草药，为周围村庄乡民寻医问药，消灾救人。

颜虬松有个爱好就是喜欢打猎。他家有一只名叫"雕冲"的猎狗，寓意是这只猎狗捕猎时就像金雕一样锐利凶猛。它高近一米，四肢粗壮有力，浑身棕灰色长毛油光发亮，两眼凶光，令人发怵。它跟随颜虬松多年，就像主人的影子一样伴随着他的身后。他俩上山打猎可谓是天生的好搭档，只要主人一拿起猎枪，雕冲就会无比兴奋地东跳西蹿。一走进山林它总是冲到主人前面开路，用它敏锐的嗅觉，探测各种动物的行踪轨迹。一旦发现目标，它会发出一两声警叫，往往不用几分钟时间，就会把猎物围赶到主人的有效射程范围内。颜虬松手稳眼快，枪法精准，只要枪声一响，猎物就倒地毙命。雕冲紧接着冲上去，狠狠地咬住猎物的喉咙，拼命地往山下拽，直到把猎物拖到主人面前。

一天颜虬松带着猎狗上山打猎。到了中午，他累了躺在山坡上休息，那猎狗就坐在旁边，守卫着自己的主人。他太疲劳了，慢慢就睡熟了。就在这个时候，山脚下突然起火了，火焰一直往山上窜。猎狗看看已经睡熟了的主人，又看看烈火，心里非常焦急。眼看热火就要烧到主人身边了，它突然急匆匆地跑到附近的山沟里，在那浅浅的水坑里拼命打滚，把全身的毛都濡湿了，立刻带着湿漉漉的水跑回颜公的身边，在他的周围打滚。这样来来去去地跑了十几趟，终于把颜公躺着的那块地方周围打湿了。这时火已烧到近处，唯有颜公躺着的这一围，因为全是湿的，火自然就烧不起来了。等到颜公醒来时，山顶上的火还在烧着。他看看自己躺的地方，又看看猎狗一身湿漉漉地坐在自己的身边，明白是它救了自己，十分感激。为了让后代记住猎狗的救命之恩，颜公定下例规：颜氏子孙世世代代不准吃狗肉，就是狗死了，也不准宰杀，而要将它掩埋。直到今天，政和颜氏家人仍然坚守这条规矩，一直没有改变。

（政和县）

杨源大溪黄家人因何不捕食野生石蛙

　　杨源乡向西行走五六公里，有一个村庄名叫大溪，名曰大溪村不是因为流经村庄的溪流比别的地方大的缘故，而是这条河流的流域面积广大。河流两岸有一大片宽阔平坦的农田，在杨源高山区一带完全可以用"一马平川"来形容。开拓大溪村的是朱熹第三子朱在的子孙朱介。朱介避乱寓居杨源朱雀楼，后移居朱进坑。黄姓人家大约在明朝嘉靖年间从王大厝下坂迁居来这里落户。由于黄姓人家勤劳苦干，节俭持家，家道一天天兴旺起来。到了明朝万历年间，社会相对稳定，大溪的黄家人已经是田广粮多，家家有存粮，户户有余钱。其中，有一个叫黄孙良的人，在闽东宁德与闽北建州府之间贩运山里特产与海产品，他做生意精明稳当，善于经营。俗话说"财运到家大门难挡"，不知是从哪里沾来的财气，黄孙良的生意越做越大。

　　有一次黄孙良运送一批土特产到建宁府销售，结交了一位新客商。两人一起喝酒吃饭，酒过三巡，交谈甚欢。席间客商站起来俯身向黄孙良耳语道："前段时间有一股劫匪从顺昌、邵武方向打劫一批白银时，被建宁府官兵追剿，劫匪把白银藏匿起来，队伍化整为零不知去向。我的一位亲戚就在其中，他告诉我白银藏在建瓯东溪凤冠岩下，约我一起去私取一些，我在这里等他十五天了，不见他的踪影，想必是凶多吉少。"黄孙良半信半疑回到客栈，仔细琢磨客商所说的话，心想明天回家正好要路过东溪凤冠岩，干脆花点时间顺便去凤冠岩打探一下，或许真的能找到白银下落，不就发大财啦。第二天他果真找到劫匪暗藏的十几瓮白银，设法悄无声息地把它们搬回家。为防止劫匪上门追讨白银，黄孙良一家更是倍加小心，不透露半点声息，缜密行事，依旧往返于建宁府之间，实实在在地经营他的生意，成为富甲一方的大财主。

尽管黄家十分谨慎，低调行事，但富有之名还是显扬于外。这就引起强盗们的垂涎。离大溪十公里属于屏南县管辖的金洲岭，山高水冷，阴森森的原始森林覆盖山野，土地贫瘠，人烟稀少，生活条件极端困苦。可是就在这样的地方，聚集着一股股桀骜不驯的匪徒，他们到处抢劫、绑架、杀人，无恶不作。以坑底村为据点的匪徒，人们称他们为"坑底贼"。在得悉黄孙良富有的消息后，他们便打探行动，前来绑票，目标就是黄孙良。他们认为，只要抓到黄孙良本人，带回去慢慢用刑相逼，不由你不交出钱财。他们走进黄家大厝，问黄孙良在哪里。见无人回答，就四处搜寻，有一匪徒拿着一把斧头，到处乱挥，说不交出黄孙良，就要杀人，并狠狠地用斧头在屋柱和墙壁上乱砍（墙壁上的斧头痕一直保留至今）。其实黄孙良知道匪徒进村，因来不及躲，就躲进大厅佛厨内。匪徒们拉开佛厨门，抓住黄孙良，把他五花大绑，向屏南方向遁去。同时还强行带走了黄孙良一个孙子。

匪徒们押着黄孙良走过金洲岭，就是屏南地界。这时天色已晚，明月当空。当他们走过山坑水沟时，发现水沟里有成群的石蛙（石蛙，又称棘胸蛙，石坑蛙，石蛤蟆，民间俗称水林，生活在高山密林生态环境要求极高的山涧里。其营养价值极高，可谓天然的珍品），肥壮异常。他们兴奋不已，动手抓捕石蛙，足足抓了几十斤。他们押着黄孙良，挑着石蛙，向近处一村庄走去。他们叫开了门，进村煮石蛙、喝酒，折腾了几小时。不知是因为什么缘故，他们边吃石蛙边喝酒，居然一个个酩酊大醉，不省人事。趁着匪徒们酒醉昏睡之际，黄孙良示意他的孙子，拿了把菜刀，割断了绑索，匆忙带着孙子逃回了家。

黄孙良庆幸自己逃脱匪徒的魔爪，化险为夷。若不是因为石蛙，匪徒们就不会酩酊大醉，他也就逃不脱他们的魔掌，他认为是石蛙救了他们。为了感谢石蛙的救命之恩，黄孙良为此立下规矩，不许他的子孙后代捕捉和食用石蛙。从此杨源大溪村黄氏人家遵守祖训，世世代代不捕捉也不食石蛙。如今石蛙被国家列为二级野生保护动物。

（政和县）

第五部分
乡村振兴典型案例

西津畲族文化村，唱响民族文化风

——福建省政和县西津畲族村文化振兴典型案例

一、基本情况

政和县石屯镇西津村下辖4个自然村，共432户，1685人，其中畲族人口673人，占全村总人口的40%，主要姓氏为蓝、雷、钟。全村总面积2.76万亩，其中山地面积1.6万亩，耕地面积0.18万亩，主要以发展茶叶、玉米、烟叶、水稻等传统农业为主。西津村境内有保存较为完整的古码头遗址——西津古渡，历史上是政和县乃至闽北著名的古码头和水路交通要道之一，有防洪及承接商贸往来的功能。这里有风光秀丽的英杰山，历史上黄巢起义军曾驻扎于此，革命时期游击队也曾转战于此。西津畲族村党支部是省长的基层党建工作联系点、南平市委组织部长挂点联系村，也是政和县乡村振兴示范带的重要节点。近年来，西津村围绕富起来、美起来、强起来做文章，有效推进乡村文化振兴。

二、主要做法

（一）**传承弘扬畲族传统文化**。西津村通过盘活集体资产，深入挖掘畲族特色传统文化。畲族文化广场、舞台已经建成启用，畲族文体活动中心也在开工建设中；组建了3支60多人畲族文化小分队，邀请畲族专业老师进行现场教学，定期培训学习畲歌、畲舞、畲语、畲族美食制作，目前已开展畲歌畲舞培训30多场次，并在2021年12月举办的"福建乡村音乐会"上表演了两支畲族舞蹈，制作展示畲族美食乌米饭、糍粑等；设立了畲族文化展厅，征集并展示畲族历史进程中的生活生产用品、服装饰物、婚嫁习俗、礼仪礼规等实物及演示，体现出畲族深厚的历史文化底蕴；结合立面改造，上墙具有畲族特色的文化彩绘2000平方米，深受群众好评。

（二）做亮做响特色美食文化品牌。西津村河鱼、河蟹资源丰富，是一个美丽的畲乡渔村。为弘扬特色美食文化，该村邀请各级烹饪协会指导开发"一蟹九吃"特色蟹宴，提档升级7家特色美食农家乐，打造特色美食一条街，成立畲乡渔村农家乐专业合作社，实行统一管理，实现农家乐往特色化、专业化、品牌化发展。西津村通过挖掘独特的河鱼、河蟹资源，融入特色美食文化，做响了西津村特色美食文化品牌，做强了西津村特色美食文化产业，每家农家乐每年实现增收30余万元，形成"可看、可吃、可游"的文旅产业，让旅游旺起来。

（三）强化文化规划引领。为加快打造具有独特畲族风情、宜居宜业宜游的少数民族特色文化渔村，西津村邀请福建省村镇规划中心进行规划

设计，以高质量规划引领高质量乡村振兴，完成西津村立面改造、古渡码头、畲族文化广场、畲族文化体育活动中心、古井公园、西津浙潭生态茶园、光伏发电项目的规划设计。按照规划，西津先后投入资金1000余万元，开展人饮水改造升级，"裸房"整治4万平方米，道路硬化5公里，污水治理3公里，美化绿化6000余平方米，建成西津畲族文化广场、光伏发电项目等。截止2021年底，已完成西津浙潭生态茶园套种黄金葡萄柚示范片50亩，共套种1200棵2.5年龄果苗，2022年开始部分挂果，2023年可产果开始收益，预计每年收益10万元。西津浙潭生态茶园将进一步打造成茶旅融合的生态休闲旅游佳地。

（四）常态化开展文化铸魂。深入开展新时代文明实践活动，组建新时代文明志愿服务队、党员志愿者服务队等，常态化开展文化遗产遗址保护、优秀传统文化宣传等活动，大力弘扬社会主义核心价值观，制定西津村规村训；挖掘先进典型，开展"十大孝星""星级文明户"等示范评选，邀请优秀共产党员庄桂淦、优秀乡贤阙彩荣等典型用身边事教育身边人，增强村民的认同感和幸福感。

三、经验成效

西津村充分利用自身独特的自然资源、畲族传统文化资源等，将资源进行优化整合，通过弘扬畲族传统文化、做响特色美食文化品牌、规划文化乡村建设、开展文化铸魂等措施，将文化资源融入自然资源中，在自然资源中彰显文化特色，践行"绿水青山就是金山银山"的生态文明理念，打造西津浙谭生态茶园，将茶文化与旅游文化相结合，坚持走文旅融合发展、人与自然和谐共生的生态文明发展之路，在产业兴旺、生态宜居、乡风文明、治理有效、生活富裕等方面持续发力，有力促进了乡村文化产业振兴，把西津村打造成可以承载新生活方式和新创业方式的优质文化空间。文化产业的振兴取得了显著成效，2021年，西津村村民人均可支配收入1.95万元、村集体收入20.3万元。2021年3月28日，时任市委书记林文斌驻村调研西津时，曾充分肯定地说："西津村发展有基础，文化有特色，群众有期盼，乡贤有情怀，班子有干劲。"原县委书记黄爱华也曾在全县农村工作会议上对西津村的有效做法予以充分肯定。

以农家书屋为媒，促乡村文化振兴
——松溪县溪尾村乡村文化振兴典型案例

一、基本情况

松溪县渭田镇溪尾村是闽北的一个革命老区村，位于松溪县北部，坐落在福建、浙江两省交界的龙头山脚下，距松溪县城45公里，共有5个自然村，1807人，党员60人。溪尾村独特的地理环境孕育了民风淳朴、文化氛围浓厚的乡情村貌，是

远近闻名的文化特色村。近年来，溪尾村在贯彻落实习近平新时代中国特色社会主义思想，学习习近平总书记关于乡村振兴重要指示精神的过程中，结合村情实际，以农家书屋为平台，注重对传统文化的发掘、保护和传承，不断提高公共文化服务能力，助力乡村振兴。主要情况如下：

二、主要做法

（一）抓好书屋建设，搭建文化平台

　　溪尾村始终秉持精神文明创建有抓手，文化发展有载体的发展思路，于2008年创办溪尾村农家书屋。书屋在2020年获评首届福建省示范农家书屋，2021年参加第九届全国服务农民、服务基层文化建设集体评选，被中宣部、文旅部、国家广电总局授予"先进集体"荣誉称号。该书屋原址位于溪尾村学后巷2号，面积35平方米，可容纳25名群众同时阅读，地处村居中心且邻近村交通主干道，为村民提供良好的阅读环境与科普活动场所。近年来，通过上级捐赠与村集体购买的方式陆续增添了书籍，目前已有书籍3500余册，书籍涉及文学、科技、农业等领域，所有书籍均按要求进行分类、编号，详细做好登记。为了使农家书屋得到更好的管理，溪尾村成立农家书屋管理小组，由一名兼职管理员与三名乡村志愿者组成，制定了完善的书屋管理制度及借阅制度。

　　为进一步扩展溪尾村农家书屋文化服务功能，2020年溪尾村践行"党建引领+乡贤助力"发展新理念，合力打造溪尾村文化活动中心，村里的农家书屋也随之搬迁至该活动中心，占地面积55平方米，配备了wifi、电脑等电子设备。为村民提供包括时政新闻、种植、防灾、产业振兴、疫情防控等实用书籍，特别是在新冠疫情期间，溪尾村农家书屋在科学防疫、健康知识传播等方面上发挥了重要作用。农家书屋积极为村里留守儿童及学生课余时间提供学习场所，同时开设"第二课堂"，邀请社会贤达至书屋辅导授课，讲述历史和乡土故事，带动形成农村新时代文明生活方式，树立崇尚科学的新风尚。

（二）注重非遗传承，延续文化烟火

　　作为县里的文化特色村，溪尾村在传统文化传承的过程中，十分注重对村非物质文化遗产的发掘保护。独树一帜的木陈拳、精妙诙谐的花灯戏、逢节必演的舞龙……镌刻着乡村文化的印记，储存着溪尾村更深层次的文化基因。目前村里已有7项传统文化被列入非物质文化遗产代表性项目，其中花灯戏、木陈拳被列为市级非物质文化遗产代表性项目。

　　要做好非遗的保护工作，离不开非遗文化的传播与传承。溪尾村一方面秉承"见人见物见生活"的理念，运用溪尾村农家书屋平台，把非遗传承人实际演示与文化科普学习相结合，多次举办木陈拳、花灯戏、舞狮、湛溪戏、黑米饭等非物质文化知识培训会；另一方面是做好传帮带，依托村文化活动中心创办松溪县溪尾村花灯戏协会，发展会员50多人，各项非遗传承梯队丰富，传承谱系脉络清晰。

（三）组织活动开展，丰富文化生活

为进一步提高村民群众非物质文化遗产保护意识，传承弘扬优秀传统文化，近年来溪尾村以"党建引领+干群结合"的方式，依托农家书屋平台，举办了形式多样的展演活动。特别是每年春节，都有举办乡村春节联欢会，尤其是有着民族象征意义与团队奋进精神的舞龙表演更是受到群众高度认可，曾受邀参加2011年县建党90周年文艺演出、2018年县第二届武术邀请赛、2019年全国全省文化"三下乡"等演出。同时积极响应县里号召，参加文化惠民演出、送戏下乡及文化和自然遗产日展演活动。2021年渭田镇党委、政府，在溪尾村文化活动中心举办"庆祝中国共产党成立100周年暨永远跟党走，奋进新征程"文艺汇演。2022年举办了"农家书屋学习分享文明实践活动"为主题的元宵晚会，得到各级领导、来宾的肯定和赞誉。

三、经验成效

习近平总书记讲过，乡村振兴既要塑型，也要铸魂。溪尾村以农家书屋为平台，积极争取镇农技站、县图书馆等部门支持，不断提高村民的文化素养和种养技能，提高村民经济收益，筑牢基层先进文化阵地；以非物质文化遗产代表性项目为载体，通过培训、宣传，使更多的群众在生产生活中切身感受传统文化的魅力，从而成为非物质文化遗产的保护者和传承者。以农家书屋的"火"带动了非遗文化的"香"，让传统文化得到传承与延续，凝聚起群众思想共识。溪尾村以浓厚的文化底蕴不断提升乡村公共文化服务能力，引导村民群众用读书改变自己，用知识创造人生，用文化振兴乡村。

朱子研学地，生态水美村

——浦城县忠信镇上同村文化振兴典型案例

一、基本情况

忠信镇上同村位于浦城县北部，据浦城城区23公里，距高速公路口8.6公里，交通便利。村域面积11.3平方公里，辖8个自然村、13个村民小组。浦城县认真贯彻中央和省、市关于乡村振兴的决策部署，融合美丽乡村建设、品牌建设、生态银行等三大创新抓手，高度重视忠信镇上同村的各项发展，2020年列入浦城县传统村落保护发展规划。

二、主要做法

（一）弘扬"朱子文化"，助力建设文明乡村

上同村拥有深厚的理学文化底蕴。詹体仁（1143-1206，字元善，原籍崇安）是朱熹的学生，真德秀的老师，随父詹　徙居上同。詹体仁后人所建的詹家大院是浦城保存较好、面积最大的古民居群，距今1000多年，占地一万多平方米。目前詹氏祠堂保留刻有康有为在1926年书"詹氏祠堂"四个大字的前门牌坊。

上同村积极把生态建设、文化建设融入乡村振兴工作当中，从弘扬传统文化、推动移风易俗、挖掘民间文化三个方面做起，保护、挖掘优秀传统文化资源，弘扬千百年来优秀乡村传统，实现文化振兴目标。一是弘扬上同传统文化。上同村坚持传承优秀民间文化和弘扬中国特色社会主义文化"两手抓"，对村域内遗存的闽越文化、理学文化（詹体仁文化、闽北建筑文化）、宗族文化（詹氏族谱、村落发展史、闽浙古道文化）、名人文化（詹体仁）、民俗文化（庙会、船山文化、民俗技艺、舞龙灯）加以保护，对以理学传统文化为主题的詹体仁公园进行提升，规划建设詹体仁

柘溪岸詹体仁公园实景

朱子理学展厅、农耕文化展示馆、朱子文化讲坛、大口窑青白瓷艺术体验馆；安排专职人员在幸福院为老人文娱活动服务。每年重阳传统佳节，对村里的老人进行节日慰问；邀请浦城县书法协会到村里开展"我的中国梦——文化进万家"活动。二是加强文明建设。筹建汪化"一棵美树"画家工作室、忠信特产展示厅；推行家风、村风、党风教育，以良好家风带村风促党风；积极发挥新时代文明实践站作用，不断完善乡村治理模式，结合评选"最美家庭""星级文明户""平安家庭"等活动，以榜样的力量引导村民诚实守信，遵纪守法，破除陈规陋俗，带动广大群众提高乡风文明程度。三是推动移风易俗。投资75万元的詹司农家祠（上同便民餐厅）项目已经投入使用；成立移风易俗理事会，推选出德高望重的老同志协助管理，大力倡导村民集中简办红白喜事，严禁大操大办酒席，通过村规民约的方式，协商制定酒席桌数、礼金金额、无劳动力人员不收礼金等规约，助力乡风文明，助推乡村振兴。

上同村做足"文化搭台，经济唱戏"文章。围绕特有的朱子理学文化氛围，村两委集思广益，积极筹划项目，投资1100余万元用于收储上同古民居并对其进行修缮；规划投资550余万元用于打造田园综合体观光体验采摘项目，把乡村生态旅游和植入詹体仁文化的古民居融为旅游综合体。

（二）推进美丽乡村建设，打造乡村生态旅游

一是提升人居环境品质，开展农村环境"净化"行动，深入贯彻人居环境整治三年行动精神，积极开展"一革命四行动"，确保到2020年底全村无害化卫生户厕普及率达100%，计划按常住人口每100人配备一个公厕。购置分类垃圾桶450个分发到户，在村域范围内基本实现垃圾分类收取。开展村庄"绿化"行动，计划开展村居外立面改造行动，改造面积约为2000平方米，对村主干道两侧、旅游观光点进行绿化美化，打造花园式乡村，在村庄老路口、主路、县道两旁规划绿化项目，包含种植榕树、含笑花350棵、樱花220棵、桃花25棵、樟树80棵、桂花树500棵，实现"留白留绿留文留魂"。开展村庄"亮化"行动，完善村庄公共照明设施，引导群众布置室外及庭院亮化，计划铺设布置300盏路灯、30处景观灯，亮化乡村，为乡村生态旅游奠定良好的环境基础。

二是打造"百亩荷塘"品牌乡村，建立"莲鱼共生"项目，积极整合村里河塘资源，打造旅游特色亮点。这片荷塘总投资118万元，为村里流转稻田发展莲鱼立体种养项目，配套建设引水灌溉渠道350米，并建起区内观赏亭、步道等。周围搭配上同村古民居风格，融合了朱子文化元素，增加了景点观赏性。另外，在荷塘进行鱼类养殖，荷花与莲鱼共生，还能增加村财收入。

三、主要成效

上同村充分利用自身独特的自然资源、人文资源，践行"绿水青山就是金山银山"的生态文明理念，打造"莲鱼共生"的特色朱子文化乡村品牌。2020年和2021年村财收入均超过20万，2021年获评省级森林村庄、红星村，市级优秀党支部。烟叶生产种植面积扩大到600多亩，烟税收入7万左右，制种面积扩大到800多亩，为村其他产业发展提供借鉴；乡村特色文旅粗具成型，基础设施建设日渐完善，新增机耕道4条，完成硬化3条，村内绿化、花化、美化程度大幅提高，人居环境品质得到提升，詹司农家祠竣工后具备年接待游客1万人次能力。

站在"万里茶道"起点 打造乡村振兴前沿

——武夷山市下梅乡乡村文化振兴典型案例

一、基本情况

下梅村位于武夷山市东部，毗邻武夷山国家旅游度假区，坐落于山环水抱之中，一年四季风景宜人，辖区面积16.67平方公里，耕地面积2877亩，林地面积21524亩。早在商周时期就有了文明史，隋朝有了人居环境，宋代有了村落，北宋咸平元年（998）已发展成一个行政区，至今还保留较为完整的具有典型特色的明清古民居建筑38幢。目前，全村共有13个村民小组，2831人。近年来，该村获评"中国历史文化名村""中国最美休闲乡村·特色民居村""福建十大醉美村落""福建省乡村旅游特色村""福建省首批金牌旅游村"等荣誉，2020年被评为省级乡村振兴示范村。作为万里茶道的起点，下梅村在挖掘历史文化资源，努力发展茶旅融合的民俗文化旅游道路上不断努力。

二、主要做法

1. 挖掘文化内核，发展文化产业

2014年，第三届"万里茶道与城市发展中蒙俄市长峰会"在下梅村举行了盛大的开幕式及"万里茶道城市雕塑"揭幕式。该届峰会不仅一举奠定了武夷山作为万里茶道起点城市的重要历史地位，同时也为下梅村刻上了作为"万里茶道"起点村的核心标签。2021年下梅村启动对旧礼堂约500平方米的修缮和改造升级，计划投入约600万元建设"下梅村万里茶道文化展示馆"，打造万里茶道IP，统筹发展"茶文化、茶产业、茶科技"，将下梅村塑造成为武夷山乃至全国"万里茶道文化展示与交流窗口"。建成后内部将设置万里茶道文化数字展示馆、茶工艺展示中心、自助茶室、百人会议厅，立足万里茶道茶文化、商贸文化等传统文化，打造茶文化科普、体验、研习基地。后期将和抖音、快手等新媒体合作，推动

下梅村"文化+产业"双振兴。除此之外，还将沿路周边13个店面装修后出租，不仅能丰富旅游业态，延长游客停留时间，为村民提供就业岗位，每年还能为村集体带来20万元的收入。目前已完成主体工程建设，下一步将继续完成内部的布展等工作。

2. 重视保护利用，建设美丽乡村

近年来，在南平市委、市政府，武夷山市委、市政府的重视和支持下，下梅村万里茶道起点保护利用工作取得积极成效。一是完善保护性规划。由上海同济大学李浈教授牵头编制《下梅村总体规划方案》，北京国文琰公司辛兴教授牵头编制《万里茶道保护规划》，省青年建筑师协会牵头开展环境提升和产业培育规划设计。二是修复珍贵历史遗迹。向上争取资金2000余万元，对下梅村的邹氏家祠、大夫第、参军第等文物保护单位和沿街立面、护栏等设施进行修缮保护。三是改造提升基础设施。争取专项资金1784万元，进行梅溪流域环境治理；设置导览牌、标识牌，新建2个生态停车场，增加150个停车位，新建绿地公园1个，150米的景观漫步道沿梅溪而建，为乡村旅游提供硬件保障；完成纵八线连接线、三线下地等项目建设，为维护良好生态，建设生态宜居的美丽乡村奠定坚实基础。

三、强化党建引领，助力乡村振兴

武夷街道搭建"一核心、两队伍、三力量、四专员"的"1234"乡村振兴组织架构。即以党建引领为核心，发挥街道党政班子和村居两委班子两支队伍的战斗力，联络企业家、乡贤、返乡青年三方社会力量，每个村安排党建指导员、宣传推广员、科技特派员和企业助推员四大专员，组建强有力的组织网络，为乡村振兴提供有力保障。下梅村通过"党支部+党员村干部+乡土人才+导游人才"的模式，由党组织牵头，邀请本村乡土人才为返乡青年开展导游员讲解培训，为下梅村乡村旅游输出本土导游人才28人，为50多个村民提供就业岗位，吸引20余家企业入驻，旅游公司每年接待游客8万多人，旅游产业带动人均收入增加1000多元，每年为村财增收4万元。

下一步，下梅村还将通过引进抖音技术直播平台，以万里茶路茶产业为依托，打造特色电商基地，带动整体下梅旅游经济和产业带发展，实现"产业振兴、文化振兴、人才振兴、组织振兴、生态振兴"，迈向共同富裕。

雅器瓷成 筑美枫林

——邵武市和平镇危冲村乡村文化振兴典型案例

一、基本情况

停车坐爱枫林"碗"，"陶"艺更胜二月花。和平镇危冲村枫林组古称"高岭"，后因枫树成林而改名"枫林"。枫林组位于和平镇区西部，距离镇区4.8公里，周围山地丘陵连绵，枫树成荫，更有小溪流经，生态环境优美。现有居民33户、140余人。自明代以来，枫林就有烧制瓷器的传统，最早从事瓷器生产的为李姓，后来邱姓也逐渐从事瓷器生产。据考查，他们祖辈明清时期从江西迁于此地，见枫林之地适宜烧瓷，就开窑拉坯，点火烧造，世代传承下来，造就了今天全国闻名的枫林窑。随着近年文化市场的繁荣，当地制作青白瓷的匠人在传承传统烧制瓷器技艺的基础上，不断开拓创新复古瓷器技术，目前复古瓷器生产技艺达到宋代水平，已臻成熟，枫林窑也成为当地一个响亮的产业品牌。

二、主要做法

一是规划引领，设计先行。 多次对接专家及台湾陪护式团队探讨危冲村枫林窑发展方向及村庄改造计划，邀请厦门设计团队到危冲枫林进行现场测绘和设计，经过反复论证修改，确定实施方案；邀请专门的摄制团队拍摄"邵武是个好地方·和平是块宝地"枫林窑非遗文化宣传视频，并在北京天安门地铁1号线一天连续播放180次。

二是学习经验，打响品牌。 和平镇枫林窑非遗传承人等相关负责人深入德化县考察陶瓷文化传承的经验做法，有效促进了枫林窑非遗文化与德化陶瓷文化的交流，提升了枫林窑品牌意识，打开了品牌推广思路，让枫林窑非遗文化开始与文化创意、全国艺术甚至国际艺术进行全面接轨，真正让枫林窑从"藏在深闺"到"闻名天下"完美蜕变。积极推动枫林窑青白瓷制作技艺非遗项目及传承人申报，有效发挥了老一辈枫林瓷烧制技艺传承人的传、帮、带作用。目前已与武夷山水品牌运营管理有限公司洽谈危冲枫林窑与武夷山水品牌合作事宜，旨在开发枫林青白瓷旅游产品。

三是非遗展示，优化体验。 建设枫林窑非遗体验馆，逐步让枫林非遗文化看得见、摸得着、能体验。同时充分利用网络电商平台，加速产业集聚，力争实现产业化规模化发展，让枫林陶瓷绽放更加璀璨的光彩。在枫林村实施"非遗助力乡村振兴"计划，继续发挥枫林窑品牌优势，实施枫林村庄改造，延伸枫林陶瓷产业链条，使其成为和平古镇的一项美丽产业，打造乡村振兴新样板。

三、经验效果

一是产业发展亮点凸显。 通过全力发展和平枫林窑品牌，积极发挥枫林窑烧制技艺传承人的传帮带作用，使枫林窑青白瓷制作技艺得以传承延续。目前枫林窑技艺传承人共有4人，2022年和平镇危冲村枫林窑青白瓷制作技艺入选福建省第七批省级非物质文化遗产代表性项目名录。

二是非遗助力产业优化。 目前全镇共有枫林窑26个，年产值可达400余万元。

三是文创开发促进营销。 拍摄枫林窑非遗文化宣传视频，邀请美术专家、书法专家与本地瓷器师傅进行合作，开发设计4款枫林窑伴手礼，并进入武夷山水品牌超市，有力地带动了枫林窑的宣传及营销。

立一家之风 成百户之业

——建瓯市房道镇沶村村乡村文化振兴典型案例

一、基本情况

村村地处建瓯市房道镇的东北部，村部海拔370米，距建瓯高铁西站30公里，距房道镇镇区8公里，距万木林省级自然保护区4公里。2015年11月被评为省级传统村落，2019年1月被评为福建省"百城千村"美化亮化村庄，同年8月被国家林草局评为"国家森林村庄"。

村村文化底蕴深厚，不仅是明代内阁首辅杨荣故里，《杨荣家训》清廉家风的传承地，万木林生态文明理念发源地，还有着壮烈的红色革命历史，发展文旅产业优势显著。

二、主要做法

（一）文化馆建设情况。杨荣文化

馆位于建瓯市房道镇沶村村，由原"杨达卿纪念堂"改建而来，总投入180余万元，占地面积510平方米，于2022年2月装修完成，运用数字化手段将内容转化为多媒体形式，让参观学习者更易接受。展馆分别以灯箱展板、书法作品、视频影像、历史文物、书籍画报等形式，展示了明代重臣杨荣勤勉显赫的一生。通过杨荣祖父杨达卿"植树一株，偿以斗粟"、杨荣父亲杨伯成"忠厚至孝，扶贫济困"、杨荣"绳愆纠缪，秉志忠勤"、杨荣曾孙杨旦"方直刚正，坦率直言"等，诠释了杨氏家族"达则针砭时弊济天下苍生，穷则育人立轨行善积德"的家风家训，集中展现了廉洁修身、生态文明、家国情怀等积极向上的内容。

（二）全方位推进家风教育宣传。近年来，沶村村牢记习近平总书记关于家风建设的重要论述，紧密结合培育和弘扬社会主义核心价值观，发扬光大中华民族传统家庭美德，促进家庭和睦，促进亲人相亲相爱，促进下一代健康成长，促进老年人老有所养，使千千万万个家庭成为国家发展、民族进步、社会和谐的重要基点。

一是以立德树人传承优秀传统文化。与建瓯市妇联、建瓯市教育局等进行合作，聘请沶村村杨思义老人等作为义务讲解员，共组织15批620余名学生、家长到杨荣文化馆开展"杨荣家训家风文化体验"活动，通过集体朗读《杨荣家训》、听讲解员讲述杨荣故事等方式，让家长与子女共同感受传统优秀文化，面对面接受家训家风教育，同时增强了生态环保意识和对美丽乡村建设的了解，收到了良好效果。

二是以醇正家风涵养党风政风。与中共建瓯市委党校联动，共有数十家单位组织党员干部到杨荣文化馆开展家风教育活动，通过播放由建瓯市纪委、监委拍摄的《杨荣家训》，介绍杨震"四知拒金"的故事等方式，积极引导党员特别是领导干部筑牢反腐倡廉的家庭防线，将家风建设与党风政风建设融为一体，杜绝不正家风对党风政风的侵蚀，抓严抓实抓细家风建设，以纯正家风涵养清朗党风政风社风。

三是以良好家教助力社会治理。与建瓯市妇联共同培育了"沶村妇女儿童之家""美仙妇女微家"等，充分发挥了凝聚、教育、服务妇女群众的功能和作用，为　村村规民约的制定提供了重要参考意见。分批组织了房道镇各村妇女主任、代表等到杨荣文化馆开展心理疏导讲座、分享家庭家教故事、"家庭矛盾调解圆桌会"等活动，发挥家教家风在基层社会治理中的重要作用，弘扬中华民族传统家庭美德，倡导现代家庭文明观念，推动形成爱国爱家、相亲相爱、向上向善、共建共享的社会主义家庭文明新风尚。

三、经验成效

村村积极探索文旅发展新模式，已投入230余万元建成"杨荣文化馆""方竹议事亭""福建省委游击纵队第三支队驻地"标识等基础设施，带动100余名村民就业，杨荣文化展示馆先后获评"南平市家庭教育创新实践基地""中共建瓯市委党校、建瓯市行政学院现场教学基地"。为紧抓建瓯市打造"千年建州，理学名城"的历史机遇，奋力追逐"杨荣故里，清风　村"的目标，通过党支部领办合作社的方式，复耕了30亩撂荒地，以每亩2500元对外开展"认领万木林里一亩田"活动，并得到了社会各界的广泛关注。目前，30亩田已全部认领，建瓯市直机关、企事业单位及个人等参与其中，实现村民与村集体双增收。让"植杉一株，偿粟一斗"这一缔造万木林的善举在新时代用新方式唤起社会更加重视粮食安全，厉行节约，反对浪费。浔村村将深入发掘深厚历史底蕴，进一步加强优秀传统文化的保护传承，持续扩大杨荣文化在家庭家教家风建设方面的影响力。

一是计划与建瓯市妇联等单位深度合作，共同建设方竹书院、杨荣家风家训公园，作为建瓯市家庭教育基地，以"家校社协同"的方式搭建家教"云"平台，普及家教新理念，常态化开展家教公益课堂和讲座。

二是计划通过讲好用好杨荣故事，将《杨荣家训》"忠君、爱民、睦族、敦友"的深刻内涵编写成小故事或拍成短视频动漫故事的方式，向中小学进行推广，通过家长和孩子一起品读经典家风故事，来领悟家风内涵。

三是计划打造"亲子研学体验基地"，充分利用　村万木林生态文明理念发源地的优势，进一步扩大"认领万木林里一亩田"活动的影响力，复耕更多的撂荒地，并强化党员领导干部在认领活动中的带头作用。用好田园资源，寓学于游，倡导亲子共同学习、共同成长的理念，促进家庭教育回归自然、生活、劳动与实践，从而构建平等、和谐、向上、健康的亲子关系。

凝魂聚气 强体固魄 兴文促旅

——建阳区黄坑镇桂林村乡村文化振兴典型案例

一、基本情况

黄坑镇桂林村属革命老区基点村,辖区10个自然村,14个村民小组,316户1268人。近年来,桂林村以加强改进基层宣传思想文化工作和精神文明建设为主要举措,将桂林村打造成为新时代农村基层优质文化供给与服务的新载体,为乡村振兴赋能。先后被评为全国计划生育协会先进单位、国家级森林村庄、福建省生态示范村、福建省乡村旅游特色村、南平市五星级美丽乡村等荣誉称号。

二、创新工作载体及成效

以文化为魂,兴文旅之业。把弘扬乡土文化作为践行美丽乡村精品村建设的主要举措,开展特色文化村培育、历史文化村保护和文化礼堂建设,增强农村发展的吸引力、凝聚力和软实力。合理利用始建于明代的古建筑"萧家宗祠",向公众开放,把"祠堂+文化"示范点创建工作与乡村振兴工作相结合,日常安排各类文化活动项目,古老而神秘的萧家宗祠变身为村综合性文化服务中心、康乐老人之家、农家书屋等,搭建小舞台举办了花鼓戏PK、广场舞争霸等活动,丰富了村民文化生活。注重弘扬乡土特色文化,深度发掘农耕传统、民族风情和民间技艺等乡土文化。一方面结合民俗文化，举行烛桥、舞龙活动，祈求"家道和睦、人道安康"；另一方面，依托桂林村美丽乡村建设理事会，组建舞龙队2支、广场舞队3支、花鼓戏队1支，通过"政府搭台，群众唱戏"，组织开展经常性的文体活动和特定节庆活动，自编自导自演文艺演出，挖掘和培养"草根明星"，激发群众爱家爱乡和参与美丽乡村建设的热情。

以党建为魂，加强基层文化阵地建设。进一步推动桂林基层文化服务中心示范点建设，开展跨村联建。以桂林村为主导，充分发挥桂林村党支部的组织优势和引领作用，在萧家宗祠里搭建理论宣讲、社会宣传、教育服务、文化服务、科技与科普服务、健身体育服务、乡风文明建设平台等"7＋N"个平台，定期组织开展党建大比武活动。今年以来，已开展活动5次，如欢度春节志愿者活动、植树节志愿服务活动、五四青年志愿者活动、党建大比拼活动等，为党员群众文化活动的开展提供良好平台。聘请科技特派员、农业专家到村中利用现场教学和多媒体教学等多种方式，推动烟叶、竹荪、油茶、生猪、鱼、山黄鸡等的种植、养殖业获得增产提质，助推农民增收。通过传播先进思想理论宣传、法律常识普及、先进农技知识培训等，满足村民多元化需求，提升村民整体素质。创建了微信群、公众号平台，利用新媒体面向全村村民进行文化宣传。

以全域旅游为体，增强发展后劲。以黄坑镇发展全域旅游为契机，利用村里丰富的历史人文和自然生态资源，积极发展乡村旅游。聘请武夷学院旅游学院制定《建阳区黄坑镇桂林村美丽乡村暨旅游景区规划》，确立以"休闲桂林"为主题的乡村旅游定位。充分利用绿水青山资源，整合、保护古民居、千年古道、民间传说等文化资源，打造古民居群、莆田移民点，建成休闲广场、景观步道，复建古廊桥、游客服务中心等文旅项目。制定农民专题教育培训计划，结合当地特色文化，开展旅游接待服务与绿化养护等技能培训，提高村民从事乡村旅游工作的能力。近年，村民启动土特产经营、客栈、餐饮、农家乐等多种经营项目，2021年通过发展乡村旅游，直接带动村民人均增收2000多元。

三、经验成效

一是突出规划先行。桂林村立足现有资源禀赋，对照"一体设计、多规合一、功能互补"的要求，科学编制《桂林村村庄规划》，确立了"文旅桂林"为主题的乡村旅游定位。将"文化振兴"建设与"环武夷山国家公园保护发展带"建设有机结合起来，积极谋划乡村振兴文旅结合等重点项目。目前，桂林村"水美桂林"项目一期正在规划中，桂林村小学茶旅项目正在建设当中，萧家宗祠文旅提升工程完工。

二是推动文化创新。利用桂林村萧氏宗祠建设文化交流茶屋。祠堂在原有基础上进行改造提升，设置文化舞台、党建书屋等，可以边品茶边观看黄坑民俗表演，品味最纯真的民俗风情。并通过文化自助茶屋、斗茶赛、旅游文化节等方式，打造茶文旅融合示范带，大力培育桂林文旅新业态。

三是坚持产业融合。桂林村党支部通过践行"两山"理论，发挥本村自然资源和古文化优势，坚持以"环武夷山国家公园保护发展带"为核心，在大力发展竹、茶产业的基础上，聚焦旅游"吃、住、行、游、购、娱"六要素，开发出游客喜爱、特色鲜明、产业受益的文旅融合、竹旅融合、茶旅融合拳头产品，促进村财稳定增收，助力黄坑镇乡村文旅产业的升级。

十里茶飘香 古村新农忙

——光泽县干坑林场乡村文化振兴典型案例

一、基本情况

干坑红茶盛产于光泽县司前乡境内的干坑崩山，位于武夷山国家公园西区，境内山高谷深，青山环绕，宁静清新，悠远原始。红茶制作技艺（光泽干坑小种红茶）列入福建省第七批非物质文化遗产项目名录，吴寿财、陈尚荣、肖育平被确认为干坑正山小种红茶制作技艺市级非遗传承人。近年来，光泽县政府加强对干坑红茶产业的扶持力度，依托高海拔区域内丰富的古茶树资源，成立多家茶企、合作社，挖掘干坑正山小种红茶悠久的历史与文化，推广传统红茶烟熏制作工艺，发展红茶特色品牌，以茶产业带动乡村振兴，促进茶农增收。

二、主要做法

（一）依托天然资源，融合"文旅茶"发展

干坑林场终年云雾缭绕，山高林深，泉溪纵横，这里的茶叶生长在得天独厚的地理环境中。2012年干坑被列为"福建省茶树优异种质资源保护基地"。为了推广干坑红茶，司前乡政府引进1500万元建起了干坑特色民宿，打造成光泽县首家"3A"级旅游民宿。民宿保留了原来的石墙，新增原木元素。走进古色古香民宿，会让游客感受到一抹宁静和温暖。结合挖

掘红茶文化底蕴，打造一个原生态、慢节奏、崇尚自然，适合休闲养生的民宿基地，同时与当地茶企合作，让前来的游客体验采茶、制茶、品茶等红茶文化体验游项目，尽情享受乡村旅游的乐趣。还可以进一步将当地的笋干、蜂蜜、香榧果等农特产品推介出去。

有了民宿，干坑茶农发展茶产业的信心更足了。30余户茶农成立了"光泽县觉农干坑红茶专业合作社"，整合"干坑红茶"品牌，成功注册了"干坑红茶地理标志证明商标"，市场竞争力不断增强。民宿还为当地村民提供了不少就业机会，自2019年开业以来，每月要支付员工3万元工资，增加了村民收入。同时随着武夷山国家森林步道的建设，干坑旅游的发展前景更加广阔，司前乡政府还将引导农户利用闲置的房屋发展民宿，带动当地更多的农民增收致富。

（二）创新发展模式，推动红茶文化品牌效应

光泽县司前乡守正创新，走出一条"三茶融合＋两岸融合"，促进干坑乡村振兴，推进茶旅产业发展的新路子。用好省里三茶产业项目补助资金。2021年5月19日，省政协农业和农村委员会、民革福建省委员会在司前干坑林场主办了"同心杯"两岸青年乡村振兴研修营——首届两岸红茶文化节（干坑—日月潭），通过引进台湾团队设计、推广，与台湾红茶联合发展，引进好的经营模式，带动海峡两岸融合和红茶经济文化共同发展，带动了干坑红茶产业发展和茶农增收，助力乡村振兴。

两岸融合创新模式，对台元素突出，通过专业团队的全方位导入，起点站位高，打好对台政治牌具有重要的意义，形成司前干坑全国性的两岸融合、创新乡村振兴产业发展实践基地。同时利用台湾"见学馆"团队，为干坑茶产业的规划发展、品牌推广、红茶文化历史的挖掘贡献智慧和力量，并积极探索茶品、茶食、奶茶巧克力、英式茶简餐的产品设计，提升干坑红茶产业附加值，强化品牌效应，带动干坑茶产业的升级发展，全力打造干坑红茶1662公共品牌。

（三）扩大技术规模，助力产业升级

司前干坑着力在红茶的数量和质量上下功夫，精心改造旧茶山，改良新品种，并在保留传统制茶工艺的同时，引进先进设备，由粗加工转到精加工，从而提高干坑小种红茶的品味和质量。同时，组织司前乡村两级干

部和茶企业员工，到永泰长庆培训，学习茶产业相关品牌运营管理、茶文化、茶衍生品及茶食、茶点的设计、生产、制作，不断提升制茶工艺和管理水平。

近年来，司前干坑不断强化茶加工技术提升与厂房改建扩建。作为当地茶叶生产的龙头企业——干坑先农生态农业开发有限公司旗下的九龙茶厂项目已经完工，并投入使用。一座总投资达750万元，占地约2400平方米，集办公、制茶、展示多功能为一体的现代化茶叶生产观光工厂已全新亮相。福建省盘古旅游开发有限公司新建茶仓储中心、茶文化展示培训综合楼项目（面积约530平方米），项目主体已完成，正进入内部装修阶段。通过一系列有效措施，大力推动传统茶产业向现代茶产业提档升级。目前干坑年产红茶4万余斤，年产值1000余万元，均位居全县第一，极大地推动当地经济的发展。

三、经验成效

干坑林场充分利用自身独特的自然资源、文化资源等，将资源进行优化整合，通过融合茶旅发展、创新"三茶融合＋两岸融合发展"模式，提升技术与规模，将文化资源融入自然资源中，在自然资源中彰显文化特色，践行习近平总书记来闽调研时重要讲话精神，统筹做好"茶文化、茶产业、茶科技"这篇大文章，加快构建茶产业、茶生态、茶经济、茶旅游和茶文化有机融合、协调发展的现代茶产业体系，持续抓好茶叶增产扩面、标准化现代茶园建设、古茶资源保护利用和茶文化建设工作，全面提升干坑小种红茶的知名度和美誉度。目前完成生态茶园改良6000亩，修建栈道，建成全域生态茶园，打造生态茶园观光路线，不断优化茶园结构，建设标准化茶园1300亩，实现干坑界内正山小种红茶可采区培育突破1万亩的目标。2021年干坑林场人均收入增加了3000余元，集体收入增加了3万余元。

在国家大力推动乡村振兴、产业振兴的背景下，做好茶文化、茶产业、茶科技，以茶兴业、以茶富民，光泽县司前乡将继续笃定"绿水青山就是金山银山"的发展理念，铆足生态产业化的韧劲，持续推进茶旅融合发展，打造干坑红茶小镇，推动乡村振兴。

古镇旅游 文化振兴
——顺昌县元坑镇秀水村乡村文化振兴典型案例

秀水村是元坑镇镇区四个村之一，位于顺昌县北部，金溪上游，是元坑镇政府所在地，距县城12公里，县道郑蛟线穿境而过，交通十分便利。全村共有农户236户，总人口879人，辖7个村民小组，3个自然村，50名党员。辖区土地总面积 6800亩，其中耕地839亩（水田739亩），山地面积4500亩，森林覆盖率达65%。近年来，秀水村结合宗祠文化与古民居，保护文物的同时大力发展休闲旅游，2017年4月被南平市政府授予"四星级美丽村庄"，2019年5月被顺昌县人民政府授予"最美村庄"。

一、古迹资源：

古宗祠二座（张氏和吴氏），古塔一个（文昌阁），古桥一座（文昌桥），古庙二座（关帝庙和紫竹庵）。清朝张起盛仿苏州园林一处（占地面积20亩），陈瑚古跑马场一个，占地40亩，尚有40多座明清时期古民居。其中有大夫第4座，总都府1座，有古井6个。有价值的古匾颇多，如咸丰皇帝圣旨、乾隆帝的题匾、刘墉题写的寿匾等。古文化内涵丰富，如"停轿石""栓马石""甲字石""镇妖石"以及御赐墓道碑等等。

古迹中文昌桥、关帝庙、吴氏宗祠、张氏宗祠、陈瑚故居为县级文物保护单位，文昌桥、文昌阁和关帝庙是涉台文物保护单位。

二、休闲旅游：

1.特色农业采摘园：种植草莓30亩、荸荠25亩、西红柿10亩供游客游玩之余体验采摘乐趣，将现代农业与田园风光休闲旅游有机结合，努力打造农业与农家乐的产业联动，不仅具有经济功能，同时具有生态功能。

2.特色美食：元坑烧馒、元坑粗面、文昌桥"关公磨刀宴"（千人廊桥盛宴）。

3.乡村旅游夜景：采摘园休闲景观漫道、文昌公园内均设有夜景灯，在原有景观基础上用灯光描绘出别样的景致，让夜晚的乡村展现一方新风貌。

三、旅游品牌建设情况

官商宅院、宗庙祠堂、景观小品、互动体验，四大品类产品，软硬结合、动静相宜。一是贤达官阶和富商巨贾故居宅院观光、宗庙祠堂观光、沿途史迹景观小品等。二是民俗节庆宗教祭祀活动、着明朝服装参与景点内文化体验项目、传统美食品鉴。三是沿途观光采摘，秀水村草莓种植面积60亩，另有西红柿、吊瓜、火龙果、芭乐等水果种植120亩。

以官商文化、宗庙信仰、史迹足印、互动体验为主的发展模式，积极打造畅想文昌古桥、探访明清古居、品味秀水田园风光的旅游线路，探索符合古镇气息的民宿产业发展模式，发动群众参与到民宿产业当中来，充分利用、改造闲置废弃的民居、厂房、办公楼开发民俗业态。目前在建古街景观名人堂，根据《中国历史文化名镇元坑创国家4A级景区建设项目可行性研究报告》的内容来确定。地址位于秀水文昌公园内，项目用地2080平方米，建筑面积4302平方米，建设四层高名人堂一座。名人堂一层展示古镇历史文化，三层、四层作为游客住宿，可容纳150-200人住宿。

秀水村有着自己的独特历史文化品牌，以生态资源为主体，通过农业、生态、人文、古迹及民俗文化等资源的有机结合，打造为人居与自然统一和谐、环境宜人、村容整洁、民风淳朴的旅游乡村。

四、基础设施建设及公共服务设施情况

秀水村有民宿3家，客房35间，酒店1家可容纳150-200人用餐，停车场2个，150个停车位，旅游公厕3个。

全年接待游客约10万人，带动农产品采摘，提升农民收入。旅游从业人数约50人（其中村民30人）。

以文塑旅振兴美丽水乡

——延平区炉下镇斜溪社区村乡村文化振兴典型案例

一、基本情况

斜溪社区村位于闽江南麓，历史悠久，风景如画，紧邻素有"山川清明伟丽，为东南之最"之称的延平湖，距离延平城区仅25公里，距离高铁延平站8公里。土地总面积15225亩，其中耕地671亩。辖4个自然村，4个村民小组，共666户2221人，有党员85人，2021年村财收入20.9万元。

近年来，斜溪社区村以贯彻落实乡村振兴战略为统领，紧抓发展机遇，立足闽江江景，开发水美经济。先后荣获"省级文明乡风联系点""全国文明村"等诸多荣誉称号。2018年被列入省级乡村振兴试点村，2020年入选农业农村部首批全国村级"乡风文明建设"优秀典型案例，2021年获评南平市乡村振兴"五星级示范村"、南平市"一村一品"示范村以及全省"最美新时代文明实践站"。

二、主要做法

（一）整治环境污染，闲置资产巧变身

之前，斜溪社区村由于放任畜禽养殖，内河污染严重，公共资产无人管理，人员外流现象突出，村里不少企业关闭，村民就业困难。为改善农村生态环境质量，村集体积极配合市、区工作，开展畜禽污染整治，还原昔日绿水青山，建设6个主题公园、库区活动中心等项目，改善乡村生活环

境，吸引农村人口回流；探索拓宽村经济发展新路子，摸排乡村公共资产，将闲置文化楼、仓库、厂房、凉亭公园、码头等公共资源和社会闲散资源进行整合，以打包租赁的形式交由民营企业（洲头旅游公司）统一规划开发，每年收取一定租金，把"死"资产变"活"资源，进一步壮大村集体经济。

（二）提升文化品位，特色非遗进村庄

根据延平人文历史禀赋，在洲头旅游度假村游乐内容中引入省级非遗项目"茶洋窑制作技艺"，成立福建南平延洲茶洋窑陶瓷有限公司，建设茶洋窑陶瓷文化馆，通过发掘茶洋窑历史文化，开展茶洋窑非物质文化遗产保护、发掘、研究、体验等活动；并邀请"茶洋窑制作技艺"传承人胡紫薇、匠人黄黎闽在馆内进行推广活动，至今体验馆内举办了新时代文明实践、茶洋窑文化体验等活动，吸引了15万名游客进行参观体验。

（三）完善产业链条，水美经济促发展

近年来，斜溪社区村致力乡村振兴之路，通过福建省洲头旅游发展有限公司的规范化运作，形成了"商、居、文、游"一体的闽江水美经济模式。主要以斜溪社区村3.8公里长的闽江江岸线、千年古榕及周边的绿水青山自然资源为依托，结合当地的渔家，先后建成洲头生态餐厅、幸福客栈、古宅民宿、香草园、怡然心苑、多功能厅四雅、画舫船、摩托艇、观光游艇等一大批文旅设施。2021年初还在水井后自然村创建"水井湾"家

庭农场，通过打造亲子研学、拓展团建、生态蔬菜水果种植、花卉种植等新业态来不断完善休闲游乐功能，同时提高小流域的土地利用价值，使整个斜溪社区村焕发出蓬勃生机。

同时还举办了亲子采摘、认领一棵树等活动，吸引四川、江西、浙江等省内外游客前来游玩，激发村庄活动。目前，斜溪社区村已成为延平区闽江流域一个耀眼的旅游胜地，同时也成为周边县市以及沿海城市的又一个文旅度假游的目的地。

三、经验效果

近年来，斜溪社区村充分发挥文化资源、自然资源优势，着力打造农业休闲、文旅创意一体融合的休闲乡村，文化旅游产业迅速发展。2021年全年共接待游客20万人，年营业额达300万元，带动周边村民经营民宿，进行生态养殖、特色果蔬种植、特色农产品销售等，间接就业20多户，提供农村就业岗位30余人，文化旅游成为优化产业结构、促进农民增收、拖动乡村文化振兴的重要抓手。

四、下阶段计划

斜溪社区村将依托斜溪库湾生态养殖和闽江野生渔业资源，谋划生态渔业产业园项目。该项目为农旅融合项目，总投资约1000万元。项目包含生态养殖区、休闲垂钓区、水上游乐区、河鱼烧烤体验区、特色码头、特色美食街和停车区。

后记 AFTERWORD

南平山清水秀、人杰地灵、物华天宝，有着得天独厚的自然环境和人文历史资源，蕴藏着珍贵的文化记忆。

乡村不仅仅是一种生活方式和生存环境，更是一种文化的传承和创造。我们需要保护和唤醒乡村的文化记忆，发掘和传承乡村文化遗产，激发乡村文化的创新力，让乡村焕发出新的生机和活力。

本书在编写过程中，得到了南平市作家协会和南平十个县（市、区）文体旅局的大力支持，他们不仅是南平乡村文化记录者和整理者，更是乡村文化记忆保护传承的推动者和践行者，在此，向编写本书所有参与者表示衷心感谢！

虽编者力求展示南平独特的乡村精神气质，形成类型多样、特点鲜明、多姿多彩的美丽乡村风貌，编好南平乡村美丽乡愁故事，但限于水平，疏漏不足之处在所难免，恳请读者批评指正。

编 者